KB236342

복받는 조상공양

하권 - 실천 편

복福 받는 조상공양 — 실천 편 〈하권〉

초판발행일 2006년 11월 10일
지은이 도　담 道淡
펴낸이 문관하
펴낸곳 문원북

출판등록 1992년 12월5일　제4-197호
전화 (02) 2634-9846
팩스 (02) 2635-9846

이메일 wellpine@hanmail.net

ISBN 89-7461-203-8

복^{받는} 조상공양

하권 – 실천 편

도 담道淡 지음

머리말

반드시 '조상공양–상권'을 읽으신 후에 '조상공양–하권'을 보셔야 합니다. 그래야 조상공양의 진정한 의미를 알게 됩니다.

언제부턴가 앞뜰에 이름 모를 새가 한 마리 날아왔습니다. 그 새는 항상 몇 번이고 앞뜰을 거닐고는 어디론가 날아갑니다. 오늘은 앞뜰에 놓여진 탁자 위에 올라가 지저귀고 날아갑니다.

그 새가 어디에서 왔는지는 모르나, 새와 나는 가까워졌습니다. 내일 그 새는 오지 않을 수도 있습니다. 그러나 나는 내가 여기에 있는 동안 그 새가 다시 오리라 굳게 믿고 있습니다. 만일 그 새가 여기 오지 않아도 나는 그 새를 볼 수 있습니다.

그렇게 오지 않는 새를 볼 수 있는 것은 새와 나의 마음이 하나가 되었기 때문입니다.

마음은 어디든지 오갈 수 있고, 어떤 것이든 볼 수 있고, 무엇이든 움직일 수 있습니다. 과거든, 현재든, 미래든 어느 곳이나 누구에게나 미치지 않는 곳이 없습니다. 하물며 나를 이 세상에 있게 해 주신 조상님의 마음을 알기란 그 새의 마음을 알기보다 쉬운 일일 것입니다.

한 때는 젊은 혈기로 인하여, 혹은 지나친 논리적 사고 방식으로 인하여, 혹은 찌든 사회 생활로 인하여 나의 진실한 마음을 돌아보지 못하였습니다. 나 자신의 마음이 나의 영혼인지도 몰랐습니다. 구도자들이 힘겹게 추구하고자는 것도 자신의 진실한 마음을 알기 위해서라고 생각합니다. 자신의 진실한 마음을 알아야 자기 자신이 무엇을 잘하였는지, 무엇을 잘못하였는지를 정확히 알 수 있는 것입니다. 그로인하여 그 원인을 알 수 있고 결과를 얻을 수 있는 것입니다.

부처님이 말씀하신, '모든 것은 오직 마음으로 통할 수 있다'는 뜻인, '일체유심조一切唯心造'나, 공자님이 말씀하신, '아침에 도道를 들으면 저녁에 죽어도 좋다'는 뜻인, '조문도석사가의朝聞道夕死可矣'는 모두, 나 자신의 진실한 마음을 찾으라는 진리의 말씀인 것입니다.

비록 이 책이, 이 책, 저 책에서 짜깁기하고 단편적인 나의 생각을 펼쳐 놓기는 하였으나, 우리에게는 '마음'이라는 고귀한 존재가 우리 자신의 몸에 들어있다는 것을 여러분들에게 작은 부분이나마 알려드리려고 노력하였고, 혼자서 직접 할 수 있는 조상 공양하는 방법을 알려드림으로써 불공평한 세상에 힘겹게 살아가는 어려운 이웃에게 조금이나마 도움이 되지 않을까 하는 바람에서 이 책을 냅니다.

특히 조상 공양은 종교를 초월하여 누구나 할 수 있고, 효과를 볼 수 있는 소원 성취의 한 가지 방법이기 때문에 조금만 관심을 기울이면 누구든지, 어떤 종교인이든지 인연이 닿아 뜻을 이룰 수 있다고 확신 하는 바입니다. 필자 역시 체험하였습니다.

조상 공양 방법이 다분히 불교적인 색체가 뚜렷하지만, 그 추구하는 목적은 하나이므로 마음을 넓게 펼치면 더 넓은 세상이 마음에 들어오리라 생각합니다. 이 책에서는 영혼, 혼령, 심령 등을 '마음'이라는 단어로 표현하였는데, 마음은 그 의미가 영혼, 혼령, 심령 등과 같기 때문이니 이점 양지있으시기 바랍니다.

끝으로 이 책을 세상에 내 주신 문관하 사장님과 김민철 부장님께 감사드리며, 항상 물심양면으로 도움을 주신 김 명구, 김 선임 부처夫妻, 윤혁거사, 김정미 보살, 그리고 강 대운 선생님께 감사 말씀올립니다.

병술년 병신월 처서무렵에.
도 담 역 원에서 도 담 합장

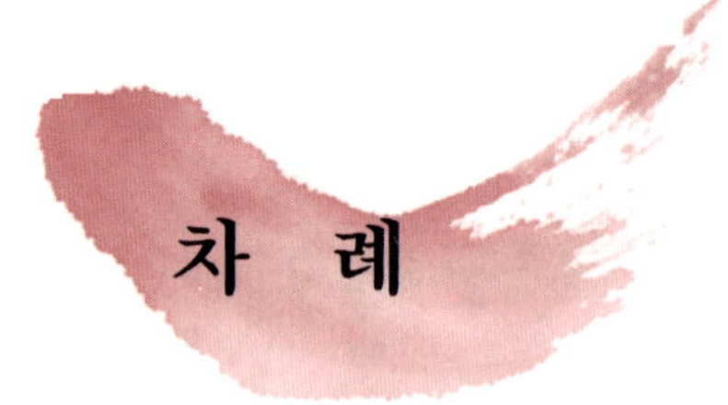

차 례

하권 – 실천편

제7장 | 유교적 전통 제례祭禮

13

차
례

제1장
조상공양이란?

우리가 흔히 알고 있는 조상공양은 조상님에 대한 제사라든지, 비록 돌아가신 조상님이지만 그를 받들어 지금 살아가고 있는 후손인 나 자신이나 가족, 친지들의 행복이나 행운을 기대하고자 음식 등을 차려 놓고 마음 속으로 간절히 원하는 행위를 말한다고 하겠습니다.

요즈음에 와서는 조상공양이라는 의미가 퇴색되어, 유교적 전통있는 가문의 가풍으로나 행해지는 주기적인 제사의식이나 돌아가신 조상의 원혼을 달래 주는 토속신앙의 굿거리나 절에서 천도제를 하는 불교적행사 정도의 의미로 여겨지고 있으나, 이 모든 행위들이 종교를 달리하여 그 방법적인 것이 틀릴지는 모르나 결과적으로는 조상의 원혼, 즉 조상의 마음을 공경하고 봉양하는 효孝에 근본을 두고 있다고 할 것입니다.

효가 어디서 출발하는가 하는데 대하여는 앞에서 마음, 영혼, 혼령, 심

령의 내용을 설명하였는데,

불교적으로는 남녀가 사랑을 하여 합궁을 할 때에 정자와 난자가 결합하는 순간 우주에 떠돌던 물질이 없는 순전한 정신적 세계에 있던 사람이 되고자 하는 집착이 강한 영혼(＝건달바, 마음)이 어머니가 될 여자의 자궁에 안착하므로써 사람으로서의 인연이 시작된다고 합니다. 자궁에 안착한 마음은 이전의 마음상태가 사람이였든, 동물이였든, 무생물이였든 간에 자신을 사람으로 태어나게 해 준 부모가 될 사람들에게 은혜가 아닐 수 없다 할 것입니다.

유교적으로는 역시 물질이 없는 순전한 정신적 세계인 무극無極에서 시작되어 무극이 음陰과 양陽을 생성시키고, 무극에서 생성된 음과 양의 움직임으로 인하여 모든 만물이 생겨나기 시작했는데, 만물 중 천지간에 중간자中間子(보통 천지인天地人 삼재三才 중 인人이라고 함)인 사람도 이 음과 양의 이치에 의하여 무극의 정신(마음)을 이어받아 음은 여자가 되고 양은 남자가 되어 결합하므로써 또 다른 음과 양이 생겨나게 되는데, 이것이 남녀가 결합하여 얻어지는 자식子息인 것입니다. 이렇게 자식은 부모가 된 남녀로부터 무극의 정신이 어어받게 되는데, 무극의 정신을 가지고 유교에서 말하는 우주 구성요소인 천지인天地人 삼재三才를 경영하고 영위할 수 있게 하는 은혜야말로 부모에게 물려 받는 귀한 선물이 아닐 수 없다할 것입니다.

이러한 것이 효의 출발점이며, 부처님이나 공자님도 이러한 연유에서 부모에게 효도하는 것을 강조한 것이라고 생각합니다.

불교나 유교가 아니더라도 부모님의 은혜는 나를 사람으로 태어나게 해주시고, 우주를 경영하게 해주시니 진실로 크나 큰 은혜라 하지 않을 수 없다할 것입니다. 그러니 나 자신은 부모에게 효도를 함이 마땅하고, 부모님은 부모님의 부모님, 즉 나를 기준하였을 때에는 조상님에게 효도를 해야 함은 마땅한 것이요, 돌아가신 조상님에게는 효도를 직접할 수 없으니 조상님의 근본인 마음(=무극)에 대하여 마음으로나마 정신적 은혜를 갚거나 공양을 하거나 제사를 지냄으로서 조상님의 근본 마음에 은혜를 갚고, 조상님의 마음과 소통하고자 하는 것이라 할 것입니다.

이러한 조상님에 대한 은혜하는 마음이 자칫 지나친 겸양謙讓(겸손하고 양보하는 마음)의 마음이 되어 나 자신을 비하卑下(낮추어 생각함)할 수도 있겠지만, 사람으로 태어나게 해 주신 은혜는 살아생전 못다할 것입니다.

불교에서 천도재를 지내거나 유교에서 제사를 지내는 것이 조상공양의 방법적인 차이가 있을 뿐, 그 내용에 있어서 마음을 주제로 한다는 것에 대하여는 다르지 않다고 할 것입니다.

그러니 조상공양하는 방법이 이것이 옳다 저것이 옳다할 수는 없다 할 것입니다.

이렇듯, 조상공양이 마음을 주제로 하기 때문에 조상공양을 하는 방법은 자신이 좋아 하는, 자신의 형편에 맞는 조상공양 방법이 옳다고 생각하는 바입니다.

조상祖上의 의미

우리나라는 유불선儒佛仙, 즉 유교, 불교, 도교가 혼재되어 전해 내려왔기 때문에 특정 종교를 표준하여 이것이 조상님이다라고 하기는 어렵습니다만 굳이 설명을 한다면,

사실상 불교에서는 조상祖上이라는 단어는 크게 의미가 없습니다. 불교

에서는 불생불멸不生不滅하는 마음(=영혼, 혼령, 심령)을 주제로 하기 때문에 그 마음이 안착하였느냐, 떠도느냐에 주안점을 두고 나를 태어나게 하고, 부모님을 태어나게 하고, 조상님을 태어나게 한 마음에 대하여 조상의 의미를 부여한다고 할 것입니다. 예컨대 절에서 하는 천도재 의식도 나를 태어나게 한 죽은 영혼(마음)에 대하여 의식을 행하는 것입니다.

유교에서는 조상이라 함은, 어떤 성씨姓氏의 가문家門에서 최초로 성씨를 이룬 시조始祖를 말하는 것이기도 하고, 그 시조의 후손 중 부모님 윗분들로서 돌아가신 분들을 말하는 것이기도 합니다. 조상은 자신의 성씨를 물려준 시조라 하였으니, 예컨대 어른들이 질문하기를, '너는 본관本貫이 어디냐?' 하는 것은 '너에게 성씨를 물려준 시조의 고향이 어디냐?' 하는 것과 같은 말입니다.

그러므로 불교에서는 조상의 의미가 마음이라는 의미의 포괄적 의미가 될 수 있겠고, 유교에서는 가계家系의 계보인 족보族譜가 있어서 보다 세밀한 조상의 뿌리를 찾을 수 있다할 것입니다. 무속에서 말하는 조상굿도 역시 유교적인 의미의 조상을 말한다고 하겠습니다.

불교나 유교에서 말하는 조상의 의미는 '나를 태어나게 해 준 은혜로운 분(마음)'이기 때문에 조상님의 마음과 소통하고자한다는 것에 대하여는 공통분모를 찾을 수 있다 할 것입니다.

결국은 조상님이라는 것이 죽은 이의 마음이 되고 있으니, 불교에서의 중음의 건달바(마음)요, 유교에서의 혼魂이 되는 것입니다. 다만, 나 자신과 가장 밀접하고 직접적인 연관성이 있는 나를 태어나게 한 인연체(마음 = 무극)라고 할 수 있겠습니다.

조상님 중에는 좋은 조상님이 계신가 하면, 나쁜 조상님도 있을 수 있습니다. 살아생전 수행정진하고 선행을 실천하여 공덕을 많이 쌓으신 조상 님이 있으신가 하면, 살아생전 온갖 악행으로 일생을 마친 조상님도 계실 것입니다.

상식적으로 조상공양을 하더라도 수행정진하여 도를 닦으신 조상님의 원력願力이 크다고 할 수 있겠습니다. 악행을 행했던 조상님은 그 마음을 바른 길로 먼저 인도한 다음, 조상공양을 하는 것이 순서라 할 것입니다.

공양供養의 의미

'공양供養'이라는 말은 불교적 용어로, 인도의 범어 '뿌야나 Pujana' 라는 말에서 비롯되었는데, 이는 신이나 부처에게 자신이 가지고 있는 어 떤 것이든 진실한 정성이 담겨져 있는 것을 제단에 바치는 것을 말한다고 합니다. 마음도 공양의 대상이 되며, 재물 또한 공양의 대상이 됩니다.

'뿌야나'는 다른 말로 '공시供施, 공급供給, 공供' 등의 말로도 표현이 되고 있으니, 이는 모두 남을 위하여 베풀고, 이바지하고, 기르고, 도움 을 주는 의미를 갖는다 하겠습니다. 이러한 공양의 의미는 대단히 광범위 하게 사용되기도 하는데 그 해당하는 예를 들어 보면,

첫째, 삼보三寶에 공양하는 것이니, 즉 불보佛寶, 법보法寶, 승보僧寶에 공양하는 것입니다. 보寶는 귀중하다는 뜻입니다. 그 내용은 다음과 같습니다.

1) 불보佛寶공양

불보는 여러 부처님을 일컫는 말로서, 깨달음을 얻어 부처가 되신 분들 을 존숭하는 마음으로 자신의 진정한 마음을 담은 제물을 바치는 것을 말

합니다. 옛날에는 짐승 등 자신이 기르던 가축을 바쳤다고 하는 이야기도 있으나 그것이 번거로운 일이라서 곡물 혹은 재물이나 옷가지 등으로 대신했다고 합니다. 눈에 보이지는 않지만 우주 어디에나 존재하시는 불보께 공양하므로서 여러 중생들이 불보를 대하는 지극한 정성의 마음이 생겨나 현생에서 지은 좋지 않은 과보에서 벗어날 수 있고, 깨달음을 얻어 죽어서는 자신의 마음이 올바른 곳에 안착을 할 수 있게 된다고 합니다. 쉬운 말로 극락이나 천당에 간다는 것입니다.

2) 법보法寶공양

법보는 부처님이 말씀하신 우리에게 모범이 되는 법을 말하는 것으로, 반드시 부처님이 아니라도 부처님이 설파하신 법에 존숭하는 마음으로 공양을 한다면 불법은 중생들의 깨달음의 법으로서 영원히 지속되리라는 것입니다.

3) 승보僧寶공양

승보는 부처님의 교법대로 수행정진하는 수도자를 말하는 것으로, 승보도 사람이니 부처님 법대로 수행한다하여도 먹어야 수행할 수 있고, 입어야 수행할 수 있고, 잠 잘 곳이 있어야 수행할 수 있는 것이니, 수행하는 승보에게 공양하는 것 역시 부처님 법을 존숭하여 영원히 불법을 지키는 공양이 되는 것입니다.

둘째, 부모님에게 공양하는 것이니, 나를 낳아 주거나 나를 길러준 부모에게 온 정성을 다하여 자신의 육체의 일부나 재물, 부모를 위하는 마음 씀씀이 등을 부모님께 아낌없이 드리는 것입니다. 옛날 이야기에 부모가 중병으로 위독한데 자신의 허벅지 살을 베어 부모를 살린 이야기나, 손가락을 잘라 그 뼈를 빻아 부모님께 드시게 하고 살려낸 이야기나, 엄동설한에 강에 들어가 잉어를 잡아 부모님께 고아드려 부모를 살린 이야기 등은 모두 부모님께 공양한 이야기라고 하겠습니다. 이것은 곧 불교나 유교를 막론하고 나를 세상에 있게 해 주신 은혜에 대하여 보답하는 공양이라 할 것입니다.

셋째, 스승님에게 공양하는 것이니, 나를 일깨워 사회의 일원으로 보람되게 살아가게 해 준 은혜의 보답으로 마음이나 재물로 은혜를 보답하는 것입니다.

넷째, 죽은 사람에게 공양하는 것이니, 나 자신과 어떤 인연이 없다하여도 죽은 중생을 불쌍히 여기는 마음으로 제물祭物 등을 베풀어 죽은 사람의 마음을 안정시켜 좋은 곳에 다시 태어나도록 하게 하는 것입니다. 보살행을 닦는 공양이라고도 할 수 있겠습니다.

사실상 자비심으로 다른 사람에게 조건 없이 물건을 주는 보시布施도 일종의 공양이라고 해도 무방할 것입니다.

특기할 만한 것은, 마음, 영혼, 혼령, 심령을 말한 '조상공양-상권'에서 보듯이 돌아가신 조상님은 결국 마음만 남게 되는데, 그 마음은 향기, 즉 냄새로 살아간다고 했습니다. 그런 연유로 조상공양을 하는데 있어서는 절에서 재를 올리거나 집에서 제사를 모실 때나, 무속의 행사를 할 때는 반드시 향을 피우고 음식을 장만하여 냄새를 풍기게 하는 것이라고 합니다.

정리하여 보면,
조상공양이라는 것은 나 자신과 가장 가깝고 밀접한 인연으로 이루어진 족보에 등재되어 있는 돌아가신 조상님의 마음을 위하여 정성으로 무언가를 베푸는 일인 것입니다.

조상공양을 해야 하는 이유는 분명히 있다고 봅니다.

조상공양을 하는 가장 중요하고도 기본적인 이유는, 조상님께서 나를 세상에 태어나게 하여 주신 은혜에 보답하고자 하는 것이며, 이것은 효의 근본이 되어 가정도 살리고 사회도 살리고, 나아가서는 국가에 충성하여 동량지목으로 거듭나게 하고자 하는 것입니다.

좀더 상세히 말하자면, 사람이 죽으면 마음만 남는다고 하였습니다. 이 마음은 불생불멸하는 영원한 존재이기 때문에 현재에 살고 있는 우리에게도 영향을 줄 수 있는 존재가 되는 것입니다. 이 책의 앞 부분의 '제11장 마음, 영혼, 혼령, 심령은 나를 도와주는가?'의 장에서 선귀善鬼로서의 조상님은 인연령因緣靈이 되어 우리에게 좋은 영향을 줄 수 있다고 하였습니다.

그러나 이러한 조상님의 인연령이 전생이나 이승에 있어서 악연과 악업으로 인하여 좋은 곳에 안착하지 못하고 그 마음이 아귀 지옥에 떨어지거나 구천을 떠돌게 되는데, 이렇게 되면 결국 우리 자손에게 좋은 영향을 주는 인연령이 되기 어렵다는 것입니다. 우리에게 좋은 영향을 주기는 고사하고 조상님 마음 자신이 갈 길을 몰라 헤매게 되니 이 어찌 가슴 아픈 일이 아니겠습니까!

그래서 우리는 조상 천도재를 한다든지, 49재를 한다든지, 기도를 한다든지 하여 업장을 소멸시켜 조상님도 좋은 곳(도리천궁 극락세계, 천국, 천당)에 안착시켜드리고 그렇게 함으로써 현생에 살고 있는 우리를 조금이나마 도와 주실 수 있도록 길을 닦아 드리는 것이라고 생각합니다.

조상님이 안착하지 못하고 구천을 떠돌게 되면 그 괴롭고 고통스러운 마음이 그대로 우리에게 전달되기 때문에 우리의 몸도 마음도 편치 못하며, 생활에 어려움이 생겨나 행복한 가정 생활이나 사회 생활을 제대로 할 수가 없게 되므로, 이상하게도 가정파탄, 정신질환, 불치병, 불의의 사고, 사회를 등지고 도를 닦으려는 성향 등이 나타나게 됩니다.

또한, 현생에 살고있는 우리들이 잘못을 저지를 때에는 그에 대한 훈벌도 내리는 것이니 예를 들면,

1) 조상님의 유지와 유훈을 따르지 아니하고 조상을 원망하거나 욕되게 할 때 어떠한 형태로든 훈벌을 내린다.

2) 가정 형편이 풍족한데도 명절날이나 제삿날에 제사를 올리지 않거나 성묘를 하지 않을 때 어떠한 형태로든 훈벌을 내린다.

3) 아버지 어머니에게 불효할 때 어떠한 형태로든 훈벌을 내린다.

4) 형제간에 시기질투하고 서로 화목하지 못할 때 어떠한 형태로든 훈벌을 내린다.

5) 친척과 인척간에 화목하지 않을 때 어떠한 형태로든 훈벌을 내린다.

6) 종교적 갈등으로 가정이 화목하지 않을 때 어떠한 형태로든 훈벌을 내린다.

7) 조상의 산소를 잘 돌보지 않거나 산소가 있는 땅을 팔아 버릴 때 어떠한 형태로든 훈벌을 내린다.

8) 조상의 유산을 탕진하거나 조상의 유산을 탐하여 집안 싸움이 있을 때 어떠한 형태로든 훈벌을 내린다.

9) 악행과 살생을 즐기며 이웃을 사랑하지 아니할 때 어떠한 형태로든 훈벌을 내린다.

10) 타인의 조상을 모신 제실과 산소를 훼손시키거나 타인을 괴롭히거나

모함할 때 어떠한 형태로든 훈벌을 내린다.

이러한 잘못으로 인한 훈벌들에 대하여 반성하며 개선해 나아가고 조상 공양을 진심으로 하게 되면, 훈벌 현상들을 잠재우고 정상인으로서 사회생활을 영위하여 사람으로 태어난 보람을 느끼고 살며, 어려운 이웃을 도와 현생에서 덕을 쌓는 공덕을 이루게 되는 것입니다.

이렇게 되면, 우리가 죽어서도 마음 편히 안착할 수 있고 불도佛道를 얻어서 영원한 마음의 평화와 극락왕생하는 기쁨을 누리게 되는 것입니다.

어떤 경우에 조상 공양을 하는가?

우리 일상생활에서 흔히 겪을 수도 있는 일이 일어나는데 대략 정리하여 보면 다음과 같습니다.

1) 매사에 되는 일이 없을 때

2) 사업의 실패가 계속될 때

3) 자녀들이 말썽을 부릴 때

4) 부부불화, 가정파탄이 계속될 때

5) 쓰러져 가는 가문을 일으켜야 할 때

6) 가난이 계속될 때

7) 자녀의 진학을 원할 때

8) 병명이 없는 신병으로 고통받을 때

9) 사업을 새로 시작할 때

10) 결혼이 성사되지 않을 때

11) 부동산 매매가 되지 않을 때

12) 관재구설이 끊이지 않을 때

13) 모든 소원 성취를 기원 할 때

조상 공양을 진심으로 정성을 다하여 한다면,

1) 소망하는 일이 성취된다.

2) 귀인이 나타나서 뜻밖에 일이 성취된다.

3) 사업이 날로 번창한다.

4) 가난이 사라지고 행복이 찾아온다.

5) 쓰러져 가던 가운이 다시 일어난다.

6) 가정이 화목해 진다.

7) 자녀들이 효자, 효녀가 된다.

8) 교통사고가 예방된다.

9) 관재구설이 사라지게 된다.

10) 건강을 되찾을 수 있다.

11) 마음이 편안해 진다.

12) 매사에 자신감이 생긴다.

13) 가정이 안정되고 행복이 넘치게 된다.

14) 사회가 안정되고 국가가 발전하게 된다.

제 2 장
조상 공양은 어떻게 하는가?

여기에서 설명드리는 조상공양은 가정 형편이 어려워 특정 종교인에게 대신하게 하지 못하는 분들을 위한 것이니 믿음을 가지고 참고하셔서 부디 소원성취이루시길 기원합니다.

조상 공양의 방법

1) 조상 공양은 언제 해야 하며, 며칠 동안 해야 효과가 있는가?

아침이나 저녁의 일정한 시간을 정해서 매일 조상 공양을 올리는 것이 최선의 방법이라 하겠으나 여의치 못하면,

7일간 기도합니다.

21일간 기도합니다.

49일간 기도합니다.

100일간 기도합니다.

이 중에서 형편에 맞는 기간을 택하여 정성을 다하여 공양하게 되면 반드시 기적이 일어나게 됩니다.

여기서 일정한 시간이란, 오전 3시~5시, 9시~11시, 오후 3시~5시, 9시~11시를 말하는데, 반드시 이 시간이 아니더라도 형편에 맞는 시간을 정하여 1시간 정도를 할애하시면 됩니다.

조상 공양에 더욱 효과적인 날

다음과 같은 날에는 조상공양 전문 도량(사찰 등)에 찾아가서 조상 공양을 올리게 되면 불 보살님과 천지 신명님들의 도움이 있어 더욱 효과적이라고 하겠습니다.

① 명절날(설날, 추석)

② 부처님 오신날(음력. 4월 8일)

③ 개천절(양력. 10월 3일)

④ 한식일(동지冬至로부터 105일 째 되는 날)

⑤ 백중일(음력. 7월 15일)

⑥ 조상님 기일忌日(제삿날)

⑦ 십재일(매달 음력. 1일, 8일, 14일, 15일, 18일, 23일, 24일, 28일, 29일, 30일) 십재일에는 천상에서 불 보살님들께서 이 세상 사람들의 죄의 무게를 저울질 하는 날이니 만약 십재일에 불 보살님 및 성현들의 형상

앞에서 '지장경地藏經'을 한 번씩 읽으면 동서남북의 백유순 안에 모든 재앙이 없어지며, 집안 식구들, 즉 어른이고 아이들이고 간에 현재와 미래 모든 횡액과 질병이 없어지고 의식이 넉넉해진다고 부처님께서 말씀하셨기 때문에 그 효과가 더욱 크다 하겠습니다.

⑧ 불공대통일

갑자甲子, 갑술甲戌, 갑오甲午, 갑인甲寅, 을축乙丑, 을유乙酉, 병인丙寅, 병신丙申, 병진丙辰, 정미丁未, 무인戊寅, 무자戊子, 기축己丑, 경오庚午, 신묘辛卯, 신유辛酉, 계묘癸卯, 계축癸丑 일 입니다.

조상 공양 절차

조상공양을 하는 절차를 아래와 같이 설명하니 번호 순서를 지켜서 하시기 바랍니다.

① 조상공양 기도를 할 기간과 시간을 정합니다.
예를들면,
7일 조상공양 기도를 한다면, 7월 6일부터 7월 12일로 날짜와 시간을 잡습니다. 잊지 않게 달력에 표시를 해 두는 것도 좋은 방법입니다.

日	月	火	水	木	金	土
						1 신묘 6
2 임진 7	3 깨끗하게… 계사 8	4 깨끗하게… 갑오 9	5 깨끗하게… 을미 10	6 조상공양 오후 9시~11시 병신 11	7 조상공양 오후 9시~11시 정유 12	8 조상공양 오후 9시~11시 무술 13
9 조상공양 오후 9시~11시 기해 14	10 조상공양 오후 9시~11시 경자 15	11 조상공양 오후 9시~11시 신축 16	12 조상공양 오후 9시~11시 임인 17	13 계묘 18	14 갑진 19	15 을사 20
16 병오 21	17 정미 22	18 무신 23	19 기유 24	20 경술 25	21 신해 26	22 임자 27
25 계축 28 6 경신 30	24 갑인 29 7 신유 31	25 을묘 음7.1	26 병진 2	27 정사 3	28 무오 4	29 기미 5

복 받는 조상공양

  ② 마음 가짐을 선하게 하고, 한 마음, 진심으로 조상님의 은덕에 감사하며 불효를 뉘우치며 조상님이 오신다는 것을 추호도 의심없이 믿으면서 임해야 합니다.

  ③ 깨끗한 몸가짐으로 임해야 합니다. 공양 3일전부터 매일 목욕제계를

하고, 부부관계를 금하고, 비린 것 즉, 생선 종류등을 먹
는 것은 금물입니다. 그런 후 조상공양 시작 날이 되면 목
욕제계하고 깨끗한 옷을 단정히 입고 조상공양 기도에 임
합니다. ①의 예에서 양력 7월 3일부터 깨끗한 몸가짐을
하여야 합니다.

④ 장소는 깨끗한 방을 선택하고 깨끗한 벽면에 조상공
양 제단을 설치합니다. 제단이 없을 경우 깨끗한 밥상을
준비하여 놓습니다.

⑤ 위패를 준비합니다. 위패는 향나무나 밤나무(자손을
보호하는 나무임)로 준비하는 것이 좋겠지만, 이를 구할
수 없으면 깨끗한 문종이를 사용하여도 됩니다.

⑥ 준비한 나무나 종이 위에 붓이나 굵은 펜으로,
『○○○氏 ○○派 ○○○家 祖上代代親族緣族一切之靈位』
라고 세로로 씁니다.
한문을 쓰기(그리기) 어려운 경우는 다음과 같이 세로로 씁니다.
『○○○씨 ○○파 ○○가 조상대대친족연족일체지령위』이것이 조상님 위
패가 됩니다.
그리고 공양 제단 가운데에 올려 놓습니다.
예를들면,
전주 이씨 선성군파 '이개똥'이라고 한다면 다음과 같이 세로로 씁니다.
『全州李氏宣城君派 이개똥家 祖上代代親族緣族一切之靈位』(편의상 가로로 썼
습니다.)

○○○氏 ○○派 ○○○家 祖上代代親族緣族一切之靈位

작성된 위패

⑦ 조상공양 제단에 조상십승유훈을 써 놓고 가족들과 함께 소리내어 읽습니다. (제단에는 아래와 같은 위패와 조상십승유훈의 글이 놓여지게 됩니다.)

○국조 선사 조상의 유훈을 받들고 부모에 효도하라!

○가정교육에 힘써 가문을 영광되게 하라!

○부부 형제는 상부상조 하라!

○며느리와 딸은 현모양처가 되어 출가가문의 초석이 되라!

○가업과 유산을 보전하고 근검절약으로 가산을 일으키라!

○○○家 祖上代代親族緣族一切之靈位

○적성따라 취업하고 평생동안 탐구학습하라!

○건강음식과 운동으로 보건에 힘쓰라!

○불우한 이웃을 도우고 좋은 친구를 사귀라!

○예절을 닦고 은혜에 감사하며 의리를 지키라!

○선행을 하여 공덕을 쌓아라!

조상십승유훈

⑧ 본존(本尊. 자신이 믿는 종교의 절대자. 부처님, 하느님 등)을 조상 위패

위에 모시면 조상님들을 도와주셔서 더욱 효과적이라 하겠습니다. (본존은 자기 신앙의 상이나 그림을 벽에 걸어 두기도 하고 액자를 만들어 걸어두는 것이 좋습니다.)

예를 들면, 위패 위에 다음과 같이 써놓습니다.

단군성조님

지장보살님

○○○氏○○○派○○○家祖上代代親族緣族一切之靈位

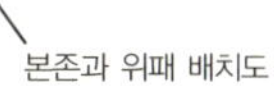
본존과 위패 배치도

자기 신앙이 없는 분들은 단군 성조님과 지장보살님을 본존에 모시면 좋겠습니다.

본존과 위패는 위와 같은 모습으로 배치가 됩니다.

⑨ 조상위패를 모실 때 조상천도부적을 봉안하면 더욱 효과적 입니다. 그러나 반드시 하지 않아도 됩니다.

⑩ 제단에 촛불을 켜서 광명을 밝히고, 향을 피워서 인간세상의 악취를 제거하여 깨끗한 마음(영혼)이 하강하시도록 도웁니다.

⑪ 공양음식(밥, 청수)를 본존에게 올리고 그 다음, 조상 제단에 올립니다. 삼색과일도 올립니다.

⑫ 다음은 조상님의 마음(영혼, 혼령, 심령)과 교통하기 위한 공양법문을 합니다.

순서는,
㉠ 종을 세 번 칩니다. 종이 없으면 양 손바닥으로 세 번 소리나게 칩니다. '짝. 짝. 짝'
㉡ 제단을 향해 큰 절로 인사를 1번 올립니다.
㉢ 제문을 읽습니다.
제문은 조상님의 마음(영혼, 혼령, 심령)을 초대하는 글입니다.

제문은 다음과 같습니다.

『유세차 양력 ○○○○년 ○월 ○일 ○시 조상천도 공양단 현고 ○○ ○씨 ○○○파 ○○○(본인 성명)가 친족 연족 일체지 영위 각각 행효자

직선조 외선조 근이 다유 지전 감소고우, 선화상지령 장엄현궁 영격자
음 기창 종천 지한감구 왕생기 시봉무유 진용여작 금즉 천지태기 용위
수로 호모망극 운심약봉 천헌반번 이소즉사 봉유상황 금일영가 행요
○○○(본인 성명) 옴 급급 여율령 사바하.」

㉣ 다음은 '지장보살 멸 정업진언'과 '광명진언', 그리고 '천수경' '지장
경(지장보살본원경)'을 차례대로 합니다.

지장보살 멸 정업진언은 조상님과 자손들의 한과 업을 풀어 고통을 벗어나
게 하는 중요한 감로의 진언입니다. 광명진언은 십악, 오역의 중죄를 지은
중생(영혼과 사람)이 두서너번 듣기만 해도 죄업이 다 소멸된다는 매우 귀
중한 진언입니다. 또 십악, 오역의 죄를 많이 지어서 그 죄가 온 세계에 가
득차서 죽은 후에 지옥에 떨어졌더라도 깨끗한 모래를 준비하여 놓고 이
진언을 백팔번 외우고 난후에 그 모래를 사람의 시체나 무덤 위에 뿌려주
면 그 사람의 죄가 모두 소멸되어 곧 극락세계에 가서 다시 나게 된다고 부
처님께서 말씀하신 아주 귀중한 진언입니다.

'지장보살 멸 정업진언'은 다음과 같습니다.

옴 프라마라 다니 스바하
나무 대원본존 지장보살 마하살
나무 대원본존 지장보살 마하살
나무 대원본존 지장보살 마하살

종이나 손바닥을 치면서 우주 공간에 조상공양을 하겠다는 마음을 보내는 것입니다.

'광명진언'은 다음과 같습니다.

광명진언

옴 아모가 바이로차나 마하 무드라

마니 파드마 즈바라 프라바를타야 훔

마니 파드마 즈바라 프라바를타야 훔

마니 파드마 즈바라 프라바를타야 훔

다음은 천수경을 독송합니다.

천 수 경
千 手 經
(천수천안 관자재보살 광대원만 무애 대비심 다라니경)

淨口業眞言

정구업진언

수리수리 마하수리 수수리 사바하

수리수리 마하수리 수수리 사바하

수리수리 마하수리 수수리 사바하

五方內外安慰諸神眞言

천수경(千手經) : "천수천안관자재보살광대원만무애대비심대다라니경"의 준말, 삼재는 억겁億劫의 업業에서 시작되었는데, 이 억겁億劫의 업장소멸業障消滅을 위한 경문입니다.

오방내외안위제신진언

나무사만다 못다남 옴 도로도로지미 사바하

나무사만다 못다남 옴 도로도로지미 사바하

나무사만다 못다남 옴 도로도로지미 사바하

開經偈

개경게

無上甚深微妙法 百千萬劫難遭隅 我今聞見得修持 願解如來眞實義

무상심심미묘법 백천만겁난조우 아금문견득수지 원해여래진실의

開法藏眞言

개법장진언

옴 아라남 아라다

옴 아라남 아라다

옴 아라남 아라다

千手千眼觀自在菩薩 廣大圓滿無碍大悲心 大陀羅尼 啓請

천수천안관자재보살 광대원만무애대비심대다라니 계청

稽首觀音大悲呪 願力弘深相好身 千臂莊嚴普護持 千眼光明便觀照

계수관음대비주 원력홍심상호신 천비장엄보호지 천안광명변관조

眞實語中宣密語 無爲心內起悲心 速令滿足諸希求 永使滅除諸罪業

진실어중선밀어 무위심내기비심 속령만족제희구 영사멸제제죄업

天龍衆聖同慈護 百千三昧頓薰修 受持身是光明幢 受持心是神通藏

천룡중성동자호 백천삼매돈훈수 수지신시광명당 수지심시신통장

洗滌塵勞願濟海 超證菩提方便門 我今稱誦誓歸依 所願從心悉圓滿

세척진로원제해 초증보리방편문 아금칭송서귀의 소원종심실원만

南無大悲觀世音 願我速知一切法 南無大悲觀世音 願我早得智慧眼

나무대비관세음 원아속지일체법 나무대비관세음 원아조득지혜안

南無大悲觀世音 願我速度一切衆 南無大悲觀世音 願我早得善方便

나무대비관세음 원아속도일체중 나무대비관세음 원아조득선방편

南無大悲觀世音 願我速乘般若船 南無大悲觀世音 願我早得越苦海

나무대비관세음 원아속승반야선 나무대비관세음 원아조득월고해

南無大悲觀世音 願我速得戒足道 南無大悲觀世音 願我早登圓寂山

나무대비관세음 원아속득계족도 나무대비관세음 원아조등원적산

南無大悲觀世音 願我速會無爲舍 南無大悲觀世音 願我早同法性身

나무대비관세음 원아속회무위사 나무대비관세음 원아조동법성신

我若向刀山 刀山自摧折 我若向火湯 火湯自消滅

아약향도산 도산자최절 아약향화탕 화탕자소멸

我若向地獄 地獄自枯渴 我若向我歸 我歸自飽滿

아약향지옥 지옥자고갈 아약향아귀 아귀자포만

我若向修羅 惡心自調伏 我若向蓄生 自得大智慧

아약향수라 악심자조복 아약향축생 자득대지혜

南無觀世音菩薩摩訶薩 南無大勢至菩薩摩訶薩

나무관세음보살마하살 나무대세지보살마하살

南無千手菩薩摩訶薩 南無如意輪菩薩摩訶薩

나무천수보살마하살 나무여의륜보살마하살

南無大輪菩薩摩訶薩 南無觀自在菩薩摩訶薩

나무대륜보살마하살 나무관자재보살마하살

南無正趣菩薩摩訶薩 南無滿月菩薩摩訶薩

나무정취보살마하살 나무만월보살마하살

南無水月菩薩摩訶薩 南無軍茶利菩薩摩訶薩

나무수월보살마하살 나무군다리보살마하살

南無十一面菩薩摩訶薩 南無諸大菩薩摩訶薩

나무십일면보살마하살 나무제대보살마하살

南無本師阿彌陀佛

나무본사아미타불

南無本師阿彌陀佛

나무본사아미타불

南無本師阿彌陀佛

나무본사아미타불

神妙章句大陀羅尼

신묘장구대다라니

나모라 다나다라 야야 나막알약 바로기제 새바라야 모지사다바야 마하
사다바야 마하가로 니가야 옴 살바 바예수 다라나 가라야 다사명 나막
까리다바 이맘알야 바로기제 새바라 다바 니라간타 나막하리나야 마발
다 이사미 살발타 사다남 수반아예염 살바보다남 바바말야 미수다감
다냐타 옴 아로계 아로가 마지로가 지가란제 혜혜하례 마하모지 사다
바 사마라 사마라 하리나야 구로구로 갈마 사다야 사다야 도로도로 미
연제 마하미연제다라다라 다린나례 새바라 자라자라 마라미마라 아마
라 몰제예혜혜 로계새바라라아 미사미 나사야 나베사미사미 나사야 모
하자라 미사미 나사야 호로호로 마라호로 하례바나마 나바사라사라 시
리시리 소로소로 못쟈못쟈 모다야 모다야 매다라야 니라간타 가마사
날사남 바라 하라나야 마낙사바하 싯다야 사바하 마하싯다야 사바하
싯다유예 새바라야 사바하 니라간타야 사바하 바라하 목카싱하 목카야
사바하 바나마 하따야 사바하 자가라욕다야 사바하 상카섭나네 모다나
야 사바하 마하라 구타다라야 사바하 바마사간타 이사시체다 가릿나이
나야 사바하 먀가라 잘마이바 사나야 사바하
나모라 다나다라 야야나막알야 바로기제 새바라야 사바하(3번)

四方讚

사방찬

一灑東方潔道場 二灑南方得清凉 三灑西方俱淨土 四灑北方永安康

일쇄동방결도량 이쇄남방득청량 삼쇄서방구정토 사쇄북방영안강

道場讚

도량찬

道場淸淨無瑕穢 三寶天龍降此地 我今持誦妙眞言 願賜慈悲密加護

도량청정무하예 삼보천룡강차지 아금지송묘진언 원사자비밀가호

懺悔偈

我昔所造諸惡業 皆有無始貪瞋癡 從身口意之所生 一切我今皆懺悔

아석소조제악업 개유무시탐진치 종신구의지소생 일체아금개참회

懺除業障十二尊佛

참제업장십이존불

南無懺除業障寶勝藏佛 寶光王火簾照佛 一切香華自在力王佛

나무참제업장보승장불 보광왕화렴조불 일체향화자재력왕불

百億恒河沙決定佛 振威德佛 金綱堅强消伏壞散佛

백억항하사결정불 진위덕불 금강견강소복괴산불

寶光月殿妙音尊王佛 歡喜藏摩尼寶積佛 無盡香勝王佛

보광월전묘음존왕불 환희장마니보적불 무진향승왕불

獅子月佛 歡喜莊嚴珠王佛 帝寶幢摩尼勝光佛

사자월불 환희장엄주왕불 제보당마니승광불

十惡懺悔

십악참회

殺生重罪今日懺悔 偸盜重罪今日懺悔 邪行衆罪今日懺悔

살생중죄금일참회 투도중죄금일참회 사행중죄금일참회

妄語衆罪今日懺悔 綺語衆罪今日懺悔 兩舌衆罪今日懺悔

망어중죄금일참회 기어중죄금일참회 양설중죄금일참회

惡口衆罪今日懺悔 貪愛衆罪今日懺悔 瞋碍衆罪今日懺悔

악구중죄금일참회 탐애중죄금일참회 진애중죄금일참회

癡暗衆罪今日懺悔

치암중죄금일참회

百劫積集罪 一念頓蕩除 如火焚枯草 滅盡無有餘

백겁적집죄 일념돈탕제 여화분고초 멸진무유여

罪無自性從心起 心若滅是罪亦忘 罪忘心滅兩俱空 是卽名爲眞懺悔

죄무자성종심기 심약멸시죄역망 죄망심멸양구공 시즉명위진참회

懺悔眞言

참회진언 옴 살바 못자모지 사다야 사바하

准提功德聚 寂靜心常誦 一切諸大難 無能侵是人

준제공덕취 적정심상송 일체제대난 무능침시인

天上及人間 受福如佛等 遇此如意珠 定獲無等等

천상급인간 수복여불등 우차여의주 정획무등등

南無七俱胝佛母大准提菩薩

나무칠구지불모대준제보살

淨法界眞言

정법계진언

옴 남

옴 남

옴 남

護身眞言

호신진언

옴 치림

옴 치림

옴 치림

觀世音菩薩本心微妙六字大明王眞言

관세음보살본심미묘육자대명왕진언

옴 마니반메 훔

옴 마니반메 훔

옴 마니반메 훔

준제진언

나무사다남 삼먁 삼못다 구치남 다냐타 옴 자례주례 준제 사바하 부림
(3번)

我今持誦大准提 卽發菩提廣大願 願我定慧速圓明

아금지송대준제 즉발보리광대원 원아정혜속원명

願我功德皆成就 願我勝福遍莊嚴 願共衆生成佛道

원아공덕개성취 원아승복변장엄 원공중생성불도

如來十大發願文

여래십대발원문

願我永離三惡道 願我速斷貪瞋癡 願我常聞佛法僧

원아영리삼악도 원아속단탐진치 원아상문불법승

願我勤修戒定慧 願我恒修諸佛學 願我不退菩提心

원아근수계정혜 원아항수제불학 원아불퇴보리심

願我決定生安養 願我速見阿彌陀 願我分身遍塵刹

원아결정생안양 원아속견아미타 원아분신변진찰

願我廣度諸衆生

원아광도제중생

발사홍서원

衆生無邊誓願度 煩惱無盡誓願斷 法門無量誓願學 佛度無上誓願成

중생무변서원도 번뇌무진서원단 법문무량서원학 불도무상서원성

自性衆生誓願度 自性煩惱誓願斷 自性法門誓願學 自性佛道誓願成

자성중생서원도 자성번뇌서원단 자성법문서원학 자성불도서원성

發願已 歸命禮三寶

발원이 귀명례삼보

南無常住十方佛

나무상주시방불

南無常住十方法

나무상주시방법

南無常住十方僧

나무상주시방승

南無常住十方佛

나무상주시방불

南無常住十方法

나무상주시방법

南無常住十方僧

나무상주시방승

南無常住十方佛

나무상주시방불

45

'지장경(지장보살본원경)'은 다음과 같습니다.

보통 불가에서 말하는 수 많은 보살님들 중 대표적인 사대보살님이 계시는데,

첫째, 우리에게 지혜를 일깨워 주시는 문수보살님이 계시고,

둘째, 우리에게 지혜의 실천을 일깨워 주시는 보현보살님이 계시고,

셋째, 우리에게 현실적으로 끝 없는 자비를 베푸시는 관세음보살님이 계시고,

넷째, 우리에게 내세적으로 원력을 주시는 지장보살님이 계십니다.

이러하니 지장보살님은 우리가 내세에 임할 때, 그 원력으로 중생 구제하시어 극락왕생하게 도와 주시는 분입니다. 조상공양에 있어서나 영가 천도를 하는데 반드시 읽어야 합니다.

지장경을 읽다보면 가슴뭉클한 경험을 하시게 될 것입니다.

지장경이 길어도 끝까지 읽어 주시기 바랍니다.

지장경(地藏經)은 지장보살본원경地藏菩薩本願經이라고도 하는데, 이미 정해진 업장의 운명을 소멸시키는 지장보살은 보이지 않는 세계, 죽음의 문제, 저승의 문제등 내세적인 모든 문제들을 해소코자 하는 보살입니다.

지장보살본원경
地藏菩薩本願經

忉利天宮神通品 第一

도리천궁신통품 제일

如是我聞 一時 佛 在忉利天 爲母說法 爾時 十方無量世界

여시아문 일시 불 재도리천 위모설법 이시 시방무량세계

不可說不可說 一切諸佛 及大菩薩摩訶薩 皆來集會 讚歎 釋迦牟尼佛

불가설불가설 일체제불 급대보살마하살 개래집회 찬탄 석가모니불

能於五濁惡世 現 不可思議 大智慧神通之力 調伏剛强衆生 知苦樂法

능어오탁악세 현 불가사의 대지혜신통지력 조복강강중생 지고락법

各遣侍者 問訊世尊 是時 如來 含笑 放百千萬億大光明雲

각견시자 문신세존 시시 여래 함소 방백천만억대광명운

所謂大圓滿光明雲 大慈悲光明雲 大智慧光明雲 大般若光明雲 大三昧光明雲

소위대원만광명운 대자비광명운 대지혜광명운 대반야광명운 대삼매광명운

大吉祥光明雲 大福德光明雲 大功德光明雲 大歸依光明雲 大讚歎光明雲

대길상광명운 대복덕광명운 대공덕광명운 대귀의광명운 대찬탄광명운

放如是等不可說光明雲已 又出種種微妙之音 所謂 檀波羅蜜音 尸羅波羅蜜音

방여시등불가설광명운이 우출종종미묘지음 소위 단바라밀음 시라바라밀음

羼提波羅蜜音 毗離耶波羅蜜音 禪波羅蜜音 般若波羅蜜音 慈悲音 喜捨音

찬제바라밀음 비리야바라밀음 선바라밀음 반야바라밀음 자비음 희사음

解脫音 無漏音 智慧音 大智慧音 師子吼音 大師子吼音 雲雷音 大雲雷音

해탈음 무루음 지혜음 대지혜음 사자후음 대사자후음 운뢰음 대운뢰음

出如是等 不可說不可說音已 娑婆世界 及他方國土 有無量億天龍鬼神

출여시등 불가설불가설음이 사바세계 급타방국토 유무량억천룡귀신

亦集到忉利天宮 所謂四天王天 忉利天 須焰摩天 兜率陀天 化樂天 他化自在天

역집도도리천궁 소위사천왕천 도리천 수염마천 도솔타천 화락천 타화
자재천

梵衆天 梵輔天 大梵天 少光天 無量光天 光音天 少淨天 無量淨天 遍淨天

범중천 범보천 대범천 소광천 무량광천 광음천 소정천 무량정천 변정천

福生天 福愛天 廣果天 嚴飾天 無量嚴飾天 嚴飾果實天 無想天 無煩天 無熱天

복생천 복애천 광과천 엄식천 무량엄식천 엄식과실천 무상천 무번천
무열천

善見天 善現天 色究竟天 摩醯首羅天 乃至非想 非非想處天 一切天衆 龍衆

선견천 선현천 색구경천 마혜수라천 내지비상 비비상처천 일체천
중 용중

鬼神等衆 悉來集會 復有他方國土 及娑婆世界 海神 江神 河神 樹神 山神

귀신등중 실래집회 부유타방국토 급사바세계 해신 강신 하신 수신 산신

地神 川澤神 苗稼神 晝神 夜神 空神 天神 飮食神 草木神 如是等神 皆來集會

지신 천택신 묘가신 주신 야신 공신 천신 음식신 초목신 여시등신 개
래집회

復有他方國土 及娑婆世界 諸大鬼王 所謂惡目鬼王　담血鬼王 담精氣鬼王

부유타방국토 급사바세계 제대귀왕 소위악목귀왕　담혈귀왕 담정기귀왕

담胎卵鬼王 行病鬼王 攝毒鬼王 慈心鬼王 福利鬼王 大愛敬鬼王 如是等鬼王

담태란귀왕 행병귀왕 섭독귀왕 자심귀왕 복리귀왕 대애경귀왕 여시
등귀왕

皆來集會 爾時 釋迦牟尼佛 告 文殊師利法王子菩薩摩訶薩 汝觀是一切諸佛菩薩

개래집회 미시 석가모니불 고 문수사리법왕자보살마하살 여관시일체
제불보살

及天龍鬼神 此世界他世界 此國土他國土 如是今來集會 到忉利天者 汝知數否

급천룡귀신 차세계타세계 차국토타국토 여시금래집회 도도리천자 여
지수부

文殊師利白佛言 世尊 若以我神力 千劫測度 不能得知 佛告文殊師利 吾以佛眼 觀

문수사리백불언 세존 약이아신력 천겁측도 불능득지 불고문수사리 오
이불안 관

猶不盡數 此 皆是地藏菩薩 久遠劫來 已度 當度 未度 已成就 當成就 未成就

유부진수 차 개시지장보살 구원겁래 이도 당도 미도 이성취 당성취
미성취

文殊師利白佛言 世尊 我已過去 久修善根 證無碍智 聞佛所言 卽當信受

문수사리백불언 세존 아이과거 구수선근 증무애지 문불소언 즉당신수

小果聲聞 天龍八部 及未來世諸衆生等 雖聞如來誠實之語 必懷疑惑 設使頂受

소과성문 천룡팔부 급미래세제중생등 수문여래성실지어 필회의혹 설
사정수

未免興謗 唯願世尊 廣說地藏菩薩摩訶薩 因地 作何行 立何願 而能成就不思議事

미면흥방 유원세존 광설지장보살마하살 인지 작하행 입하원 이능성취
불사의사

佛告文殊師利 譬如三千大千世界 所有草木叢林 稻麻竹葦 山石微塵 一物一數

불고문수사리 비여삼천대천세계 소유초목총림 도마죽위 산석미진 일
물일수

作一恒河 一恒河沙一沙 一界 一界之內 一塵 一劫 一劫之內 所積塵數 盡充爲劫

작일항하 일항하사일사 일계 일계지내 일진 일겁 일겁지내 소적진수
진충위겁

地藏菩薩 證十地果位以來 千倍多於上喻 何況地藏菩薩 在 聲聞벽支佛地

지장보살 증십지과위이래 천배다어상유 하황지장보살 재 성문벽지불지

文殊師利 此菩薩 威神誓願 不可思議 若未來世 有 善男子 善女人 聞是菩薩名字

문수사리 차보살 위신서원 불가사의 약미래세 유 선남자 선여인 문시 보살명자

或讚歎 或瞻禮 或稱名 或供養 乃至彩畫刻鏤塑漆形像 是人 當得百返生於三十三天

혹찬탄 혹첨례 혹칭명 혹공양 내지채화각루소칠형상 시인 당득백반생 어삼십삼천

永不墮惡道 文殊師利 是地藏菩薩摩訶薩 於過去久遠不可說不可說劫前 身爲大長者子

영불타악도 문수사리 시지장보살마하살 어과거구원불가설불가설겁전 신위대장자자

時世有佛 號曰 獅子奮迅具足萬行如來 時 長者子見佛相好千福 莊嚴 因問彼佛

시세유불 호왈 사자분신구족만행여래 시 장자자견불상호천복 장엄 인 문피불

作何行願 而得此相 時 獅子奮迅具足萬行如來 告長者子 欲證此身 當須久遠

작하행원 이득차상 시 사자분신구족만행여래 고장자자 욕증차신 당 수구원

度脫一切受苦衆生 文殊師利 時 長者子 因發誓言 我今盡未來際不可計劫

도탈일체수고중생 문수사리 시 장자자 인발서언 아금진미래제불가계겁

爲是罪苦六道衆生 廣說方便 盡令解脫 而我自身 方成佛道 以是於彼佛前

위시죄고육도중생 광설방편 진령해탈 이아자신 방성불도 이시어피불전

立斯大願 于今百千萬億那由陀不可說劫 尙爲菩薩 又於過去不可思議 阿僧祇劫

입사대원 우금백천만억나유타불가설겁 상위보살 우어과거불가사의

아승지겁

時世有佛 號曰覺華定自在王如來 彼佛壽命 四百千萬億阿僧祇劫 像法之中

시세유불 호왈각화정자재왕여래 피불수명 사백천만억아승지겁 중
법지중

有一婆羅門女 宿福 深厚 衆所欽敬 行住坐臥 諸天 衛護 其母信邪 常輕三寶

유일바라문녀 숙복 심후 중소흠경 행주좌와 제천 위호 기모신사 상
경삼보

是時 聖女廣說方便 勸喻其母 令生正見 而此女母 未全生信 不久命終 魂神

시시 성녀광설방편 권유기모 영생정견 이차녀모 미전생신 불구명
종 혼신

墮在無間地獄 時 婆羅門女知母在世 不信因果 計當隨業 必生惡趣 遂賣家宅

타제무간지옥 시 바라문녀지모재세 불신인과 계당수업 필생악취 수
매가택

廣求香華 及諸供具 於先佛塔寺 大興供養 見覺華定自在王如來 其形像 在一寺中

광구향화 급제공구 어선불탑사 대흥공양 각견화정자재왕여래 기형상
재일사중

塑畫威容 莊嚴畢備 時 婆羅門女瞻禮尊容 倍生敬仰 私自念言 佛名大覺 具一切智

소화위용 장엄필비 시 바라문녀첨례존용 배생경앙 사자념신 불명대각
구일체지

若在世時 我母死後 當來問佛 必知處所 時 婆羅門女垂泣良久 瞻戀如來

약재세시 아모사후 당래문불 필지처소 시 바라문녀수읍양구 첨련여래

忽聞空中聲曰 泣者聖女 勿至悲哀 我今示汝母之去處 婆羅門女合掌向空

홀문공중성왈 읍자성녀 물지비애 아금시여모지거처 바라문녀합장향공

而白天曰是何神德 寬我憂慮 我自失母已來 晝夜億戀 無處可問知母生界

이백천왈시하신덕 관아우려 아자실모이래 주야억련 무처가문지모생계

時 空中有聲 再報女曰 我是汝所瞻禮者 過去覺華定自在王如來

시 공중유성 재보녀왈 아시여소첨례자 과거각화정자재왕여래

見汝憶母 倍於常情衆生之分 故來告示 婆羅門女 聞此聲已 擧身自撲 支節皆損

견여억모 배어상정중생지분 고래고시 바라문녀 문차성이 거신자박 지절개손

左右扶侍 良久方蘇 而白空曰 願佛慈愍 速說我母生界 我今 身心 將死不久

좌우부시 양구방소 이백공왈 원불자민 속설아모생계 아금 신심 장사불구

時 覺華定自在王如來 告聖女曰 汝供養畢 但早返舍 端坐思惟吾之名號

시 각화정자재왕여래 고성녀왈 여공양필 단조반사 단좌사유오지명호

卽當知母所生去處 時 婆羅門女尋禮佛已 卽歸其舍 以憶母故 端坐念覺華定自在王如來

즉당지모소생거처 시 바라문녀심례불이 즉귀기사 이억모고 단좌염각화정자재왕여래

經一日一夜 忽見自身 到一海邊 其水湧沸 多諸惡獸 盡復鐵身 飛走海上 東西馳逐

경일일일야 홀견자신 동르해변 기수용비 다제악수 진부철신 비주해상 동서치축

見諸男子女人百千萬數出沒海中 被諸惡獸 爭取食담 又見夜叉其形 各異 或多手多眼

견제남자여인백천만수출몰해중 피제악수 쟁취식담 우견야차기형 각이 혹다수다안

多足多頭 口牙外出 利刃如鉤 驅諸罪人 使近惡獸 復自搏攫 頭足相就 其形 萬類

다족다두 구아외출 리인여구 구제죄인 사근악수 부자박확 두족상취 기형 만류

不敢久視 時 婆羅門女 以念佛力故 自然無懼 有一鬼王 名曰 無毒 稽首來迎

불감구시 시 바라문녀 이념불력고 자연무구 유일귀왕 명왈 무독 계
수래영

白聖女曰善哉 菩薩 何緣 來此 時 婆羅門女 問鬼王曰 此是何處 無毒 答曰
백성녀왈선재 보살 하연 래차 시 바라문녀 문귀왕왈 차시하처 무독 답왈

此是大鐵圍山西面第一重海 聖女問曰我聞鐵圍之內 地獄在中 是事實不
차시대철위산서면제일중해 성녀문왈아문철위지내 지옥재중 시사실불

無毒 答曰 實有地獄 聖女問曰 我今云何 得到獄所 無毒 答曰 若非威神 卽須業力
무독 답왈 실유지옥 성녀문왈 아금운하 득도옥소 무독 답왈 약비위신
즉수업력

非此二事 終不能到 聖女又問 此水 何緣 而乃湧沸 多諸罪人 及以惡獸
비차이사 종불능도 성녀우문 차수 하연 이내용비 다제죄인 급이악수

無毒 答曰 此是南閻浮提造惡衆生 新死之者 經四十九日 無人繼嗣爲作功德 救
拔苦難

무독 답왈 차시남염부제조악중생 신사지자 경사십구일 무인계사위작
공덕 구발고난

生時 又無善因 當據本業所感地獄 自然先度此海 海東十萬由旬 又有一海 其苦
倍此

생시 우무선인 당거본업소감지옥 자연선도차해 해동십만유순 우유일
해 기고배차

彼海之東 又有一海 其苦復倍 三業惡因之所招感 共號業海 其處是也
피해지동 우유일해 기고부배 삼업악인지소초감 공호업해 기처시야

聖女又問鬼王 無毒曰 地獄何在 無毒 答曰 三海之內是大地獄 其數百千 各各
差別

성녀우문귀왕 무독왈 지옥하재 무독 답왈 삼해지내재대지옥 기수백천
각각차별

所謂大者 具有十八 此有五百 苦毒 無量 此有千百 亦無量苦

소위대자 구유십팔 차유오백 고독 무량 차유천백 역무량고

聖女又問大鬼王曰 我母死來未久 不知 魂神 當至何趣 鬼王 問聖女曰菩薩之母

성녀우문대귀왕왈 아모사래미구 부지 혼신 당지하취 귀왕 문성녀왈보살지모

在生 習何行業 聖女答曰我母邪見 譏毀三寶 設或暫信 旋又不敬 死雖日淺

재생 습하행업 성녀답왈아모사견 기훼삼보 설혹잠신 선우불경 사수일천

未知何處 無毒 問曰菩薩之母 姓氏何等 聖女答曰我父我母 俱婆羅門種

미지하처 무독 문왈보살지모 성씨하등 성녀답왈아부아모 구바라문종

父號 尸羅善見 母號 悅帝利 無毒 合掌 啓菩薩曰願聖者 却返 無至憂憶悲戀

부호 시라선견 모호 열제리 무독 합장 계보살왈원성자 각반 무지우억비련

悅帝利罪女生天以來 經今三日 云承孝順之子爲母 設供修福 布施 覺華定自在王如來塔寺

열제리죄녀생천이래 경금삼일 운승효순지자위모 설공수복 보시 각화정자재왕여래탑사

非惟菩薩之母得脫地獄 應是無間 此日罪人 悉得受樂 俱同生訖 鬼王 言畢 合掌而退

비유보살지모득탈지옥 응시무간 차일죄인 실득수락 구동생흘 귀왕 언필 합장이퇴

婆羅門女尋如夢歸 悟此事已 便於覺華定自在王如來塔像之前 立弘誓願 願我盡未來劫

바라문여심여몽귀 오차사이 변어각화정자재왕여래탑상지전 입홍서원 원아진미래겁

應有罪苦衆生 廣說方便 使令解脫

응유죄고중생 광설방편 사령해탈

佛告文殊師利 時鬼王無毒者 當今財首菩薩 是

불고문수사리 시귀왕무독자 당금재수보살 시

婆羅門女者 卽地藏菩薩 是.

바라문녀자 즉지장보살 시.

分身集會品 第二

분신집회품 제이

爾時 百千萬億不可思 不可議 不可量 不可說 無量阿僧祇世界

이시 백천만억불가사 불가의 불가량 불가설 무량아승지세계

所有地獄處 分身地藏菩薩 俱來 集在　利天宮 以如來神力故 各以方面

소유지옥처 분신지장보살 구래 집재도리천궁 이여래신력고 각이방면

與諸得解脫 從業道出者 亦各有千萬億那由他數 共持香華 來供養佛

여제득해탈 종업도출자 역각유천만억나유타수 공지향화 내공양불

彼諸同來等輩 皆因地藏菩薩敎化 永不退轉於阿욕多羅三먁三菩提

피제동래등배 개인지장보살교화 영불퇴전어아뇩다라삼먁삼보리

是諸衆等 久遠劫來 流浪生死 六道受苦 暫無休息. 以地藏菩薩

시제중등 구원겁래 유랑생사 육도수고 잠무휴식 이지장보살

廣大慈悲深誓願故 各獲果證 旣至도利 心懷踊躍 瞻仰如來 目不暫捨

광대자비심서원고 각획과증 기지도리 심회용약 첨앙여래 목불잠사

爾時 世尊 舒金色臂 摩百千萬億不可思 不可議不可量 不可說

이시 세존 서금색비 마백천만억불가사 불가의불가량 불가설

無量阿僧祇世界 諸化身 地藏菩薩摩訶薩頂 而作是言 吾於五濁惡世

무량아승지세계 제화신 지장보살마하살정 이작사언 오어오탁악세

敎化如是剛强衆生 令心調伏 捨邪歸正 十有一二 尙在惡習

교화여시강강중생 영심조복 사사귀정 십유일이 상재악습

吾亦分身千百億 廣設方便 或有利根 聞卽信受 或有善果 勤勸成就

오역분신천백억 광설방편 혹유이근 문즉신수 혹유선과 근권성취

或有暗鈍 久化方歸 或有業重 不生敬仰 如是等輩衆生 各各差別

혹유암둔 구화방귀 혹유업중 불생경앙 여시등배중생 각각차별

分身度脫 或現男子身 或現女人身 或現天龍身 或現鬼神身 或現山林川源

분신도탈 혹현남자신 혹현여인신 혹현천룡신 혹현귀신신 혹현산림천원

河池泉井 利及於人 悉皆度脫 或現帝釋身 或現梵王身 或現轉輪王身

하지천정 이급어인 실개도탈 혹현제석신 혹현범왕신 혹현전륜왕신

或現居士身 或現國王身 或現宰輔身 或現官屬身 或現比丘 比丘尼

혹현거사신 혹현국왕신 혹현재보신 혹현관속신 혹현비구 비구니

優婆塞 優婆夷身 乃至聲聞羅漢 벽支佛菩薩等身 而以化度 非但佛身

우바새 우바이신 내지성문나한 벽지불보살등신 이이화도 비단불신

獨現其身 汝觀吾累劫 勤苦度脫如是等難化剛强 罪苦衆生 其有未調伏者

독현기신 여관오누겁 근고도탈여시등난화강강 죄고중생 기유미조복자

隨業報應 若墮惡趣 受大苦時 汝當憶念吾在　利天宮 慇懃付囑

수업보응 약타악취 수대고시 여당억념오재도리천궁 은근부촉

令娑婆世界 至 彌勒出世已來衆生 悉使解脫 永離諸苦 遇佛授記 爾時

영사바세계 지 미륵출세이래중생 실사해탈 영리제고 우불수기 이시

諸世界化身地藏菩薩 共復一形 涕淚哀戀 而白佛言 我從久遠劫來

제세계화신지장보살 공복일형 체루애련 이백불언 아종구원겁래

蒙佛接引 使獲不可思議神力 具大智慧 我所分身

몽불접인 사획불가사의신력 구대지혜 아소분신

遍滿百千萬億恒河沙世界 每一化身 度百千萬億人 令歸敬三寶 永離生死

변만백천만억항하사세계 매일화신 도백천만억인 영귀경삼보 영리생사

至涅槃樂 但於佛法中 所爲善事 一毛一滴 一沙一塵 或毫髮許 我漸度脫

지열반락 단어불법중 소위선사 일모일적 일사일진 혹호발허 아점도탈

使獲大利 唯願世尊 不以後世惡業衆生 爲慮 如是三白佛言 唯願世尊

사획대리 유원세존 불이후세악업중생 위려 여시삼백불언 유원세존

不以後世惡業衆生 爲慮 爾時 佛 讚地藏菩薩言 善哉善哉 吾助汝喜

불이후세악업중생 위려 이시 불 찬지장보살언 선재선재 오조여희

汝能成就久遠劫來 發弘誓願 廣度將畢 卽證菩提.

여능성취구원겁래 발홍서원 광도장필 즉증보리.

觀衆生業緣品 第三

관중생업연품 제삼

爾時 佛母摩耶夫人 恭敬合掌 問地藏菩薩言 聖者 閻浮衆生 造業差別

이시 불모마야부인 공경합장 문지장보살언 성자 염부중생 조업차별

所受報應 其事云何 地藏 答言 千萬 世界 乃及國土 或有地獄 或無地獄

소수보응 기사운하 지장 답언 천만 세계 내급국토 혹유지옥 혹무지옥

或有女人 或無女人 或有佛法 或無佛法 乃至聲聞 支佛 亦復如是

혹유여인 혹무여인 혹유불법 혹무불법 내지성문벽지불 역부여시

非但地獄 罪報一等 摩耶夫人 重白菩薩 且願聞於閻浮罪報 所感惡趣

비단지옥 죄보일등 마야부인 중백보살 차원문어염부죄보 소감악취

地藏 答言 聖母 唯願聽受 我粗說之 佛母白言 願聖者 說 爾時

지장 답언 성모 유원청수 아조설지 불모백언 원성자 설 이시

地藏菩薩 白聖母言 南閻浮提 罪報名號如是 若有衆生 不孝父母

지장보살 백성모언 남염부제 죄보명호여시 약유중생 불효부모

或至殺生 當墮無間地獄 千萬億劫 求出無期 若有衆生 出佛身血

혹지살생 당타무간지옥 천만억겁 구출무기 약유중생 출불신혈

毁謗三寶 不敬尊經 亦當墮 於無間地獄 千萬億劫 求出無期 若有衆生

훼방삼보 불경존경 역당타 어무간지옥 천만억겁 구출무기 약유중생

侵損常住 點汚僧尼 或伽藍內 恣行淫慾 或殺或害 如是等輩

침손상주 점오승니 혹가람내 자행음욕 혹살혹해 여시등배

當墮無間地獄 千萬億劫 求出無期 若有衆生 僞作沙門 心非沙門

당타무간지옥 천만억겁 구출무기 약유중생 위작사문 심비사문

破用常住 欺　白衣 違背戒律 種種造惡 如是等輩 當墮無間地獄

파용상주 기광백의 위배계율 종종조악 여시등배 당타무간지옥

千萬億劫 求出無期 若有衆生 偸竊常住 財物穀米 飮食衣服 乃至一物

천만억겁 구출무기 약유중생 투절상주 재물곡미 음식의복 내지일물

不與取者 當墮無間地獄 千萬億劫 求出無期 地藏 白言 聖母 若有衆生

불여취자 당타무간지옥 천만억겁 구출무기 지장 백언 성모 약유중생

作如是罪 當墮 五無間地獄 求暫停苦 一念不得.

작여시죄 당타 오무간지옥 구잠정고 일념부득.

摩耶夫人 重白地藏菩薩言 云何名爲 無間地獄 地藏 白言 聖母 諸有地獄

마야부인 중백지장보살언 운하명위 무간지옥 지장 백언 성모 제유지옥

在 大鐵圍山之內 其大地獄 有一十八所 次有五百 名號各別 次有千百

재 대철위산지내 기대지옥 유일십팔소 차유오백 명호각별 차유천백

名字各別 無間獄者 其獄城 周잡八萬餘里 其城 純鐵 高 一萬里

명자각별 무간옥자 기옥성 주잡팔만여리 기성 순철 고 일만리

城上 火聚 少有空闕 其獄城中 諸獄 相連 名號各別 獨有一獄 名曰無間

성상 화취 소유공궐 기옥성중 제옥 상련 명호각별 독유일옥 명왈무간

其獄 周　萬八千里 獄墻高 一千里 悉是鐵爲 上火鐵下 下火鐵上

기옥 주잡만팔천리 옥장고 일천리 실시철위 상화철하 하화철상

鐵蛇鐵狗 吐火馳逐 獄墻之上 東西而走 獄中 有床 遍滿萬里 一人 受罪

철사철구 토화치축 옥장지상 동서이주 옥중 유상 변만만리 일인 수죄

自見其身 臥滿床 千萬人 受罪 亦 各自見身 滿床上 衆業所感

자견기신 변와만상 천만인 수죄 역 각자견신 만상상 중업소감

獲報如是 又諸罪人 備受衆苦 千百夜叉 及以惡鬼 口牙如劍 眼如電光

획보여시우제죄인 비수중고 천백야차 급이악귀 구아여검 안여전광

手復銅爪 抽腸 斬 復有夜叉執大鐵戟 中罪人身 或中口鼻 或中腹背

수부동조 추장좌참 부유야차집대철극 중죄인신 혹중구비 혹중복배

抛空번接 或置床上 復有鐵鷹 담罪人目 復有鐵蛇 교 罪人首 百肢節內

포공번접 혹치상상 부유철응 담죄인목 부유철사 교 죄인수 백지절내

悉下長釘 拔舌耕犁 拖예罪人 양銅灌口 熱鐵纏身 萬死萬生 業感如是

실하장정 발설경려 타예죄인 양동관구 열철전신 만사만생 업감여시

動經億劫 求出無期 此界壞時 寄生他界 他界次壞 轉寄他方 他方壞時

동경억겁 구출무기 차계괴시 기생타계 타계차괴 전기타방 타방괴시

展轉相寄 此界成後 還復而來 無間罪報 其事如是 又 五事業感 故稱無間

전전상기 차계성후 환부이래 무간죄보 기사여시 우 오사업감 고칭무간

何等 爲五 一者 日夜受罪 以至劫數 無時間絕 고칭無間 二者 一人 亦滿

하등 위오 일자 일야수죄 이지겁수 무시간절 고칭무간 이자 일인 역만

多人 亦滿 故稱無間 三者 罪器차棒 鷹蛇狼犬 대磨鉅鑿 좌斫확湯

다인 역만 고칭무간 삼자 죄기차봉 응사낭견 대마거착 좌작확탕

鐵網鐵繩 鐵驢鐵馬 生革絡首 熱鐵요身 飢吞鐵丸 渴飮鐵汁 從年竟劫

철망철승 철려철마 생혁낙수 열철요신 기탄철환 갈음철즙 종년경겁

數那由他 苦楚相連 更無間斷 故稱無間 四者 不問男子女人 羌胡夷狄

수나유타 고초상련 갱무간단 고칭무간 사자 불문남자여인 강호이적

老幼貴賤 或龍或神 或天或鬼 罪行業感 悉同受之 故稱無間 五者

노유귀천 혹용혹신 혹천혹귀 죄행업감 실동수지 고칭무간 오자

若墮此獄 從初入時 至百千劫 一日一夜 萬死萬生 求一念間暫住 不得

약타차옥 종초입시 지백천겁 일일일야 만사만생 구일념간잠주 부득

除非業盡 方得受生 以此連綿 故稱無間 地藏菩薩 白聖母言 無間地獄

제비업진 방득수생 이차연면 고칭무간 지장보살 백성모언 무간지옥

粗說如是 若廣說地獄罪器等名 及諸苦事 一劫之中 求說不盡 摩耶夫人

조설여시 약광설지옥죄기등명 급제고사 일겁지중 구설부진 마야부인

聞已 愁憂合掌 頂禮而退.

문이 수우합장 정례이퇴.

閻浮衆生業感品 第四

염부중생업감품 제사

爾時 地藏菩薩摩訶薩 白佛言 世尊 我承佛如來威神力故

이시 지장보살마하살 백불언 세존 아승불여래위신력고

遍 百千萬億世界 分是身形 救拔一切業報衆生 若非如來大慈力故

변 백천만억세계 분시신형 구발일체업보중생 약비여래대자력고

卽不能作如是變化 我今 又蒙佛付囑 至阿逸多成佛以來 六道衆生

즉불능작여시변화 아금 우몽불부촉 지아일다성불이래 육도중생

遣令解脫 唯願世尊 願不有慮 爾時 佛告地藏菩薩 一切衆生 未解脫者

견령해탈 유원세존 원불유려 이시 불고지장보살 일체중생 미해탈자

性識無定 惡習結業 善習結果 爲善爲惡 逐境而生 輪轉五道 暫無休息

성식무정 악습결업 선습결과 위선위악 축경이생 윤전오도 잠무휴식

動經塵劫 迷惑障難 如魚遊網 將是長流 脫入暫出 又復遭網 以是等輩

동경진겁 미혹장난 여어유망 장시장류 탈입잠출 우부조망 이시등배

吾當憂念 汝旣畢是往願 累劫重誓 廣度罪輩 吾復何慮 說是語時 會中

오당우념 여기필시왕원 누겁중서 광도죄배 오부하려 설시어시 회중

有一菩薩摩訶薩 名 定自在王 白佛言 世尊 地藏菩薩 累劫以來 各發何願

유일보살마하살 명 정자재왕 백불언 세존 지장보살 누겁이래 각발하원

今蒙世尊 慇懃讚歎 唯願世尊 略而說之 爾時 世尊 告 定自在王菩薩

금몽세존 은근찬탄 유원세존 약이설지 이시 세존 고 정자재왕보살

諦聽諦聽 善思念之 吾當爲汝 分別解說 乃往過去 無量阿僧祇那由他

제청제청 선사념지 오당위여 분별해설 내왕과거 무량아승지나유타

不可說劫 爾時有佛 號 一切智成就如來應供 正변智 明行足 善逝世間解

불가설겁 이시유불 호 일체지성취여래응공 정변지 명행족 선서세간해

無上士 調御丈夫 天人師 佛世尊 其佛壽命 六萬劫 未出家時 爲小國王

무상사 조어장부 천인사 불세존 기불수명 육만겁 미출가시 위소국왕

與一隣國王 爲友 同行十善 饒益衆生 其隣國內 所有人民 多造衆惡

여일인국왕 위우 동행십선 요익중생 기인국내 소유인민 다조중악

二王 議計 廣設方便 一王 發願 早成佛道 當度是輩 令使無餘

이왕 의계 광설방편 일왕 발원 조성불도 당도시배 영사무여

一王 發願 若不先度罪苦 令是安樂 得至菩提 我終未願成佛

일왕 발원 약불선도죄고 영시안락 득지보리 아종미원성불

佛告 定自在王菩薩 一王 發願 早成佛者 卽一切智成就如來 是

불고 정자재왕보살 일왕 발원 조성불자 즉일체지성취여래 시

一王 發願 永度罪苦衆生 未願成佛者 卽地藏菩薩 是

일왕 발원 영도죄고중생 미원성불자 즉지장보살 시

復於過去無量阿僧祇劫 有佛出世 名 淸淨蓮華目如來 其佛壽命 四十劫

부어과거무량아승지겁 유불출세 명 청정연화목여래 기불수명 사십겁

像法之中 有一羅漢 福度衆生 因次敎化 遇一女人 字曰光目 設食供養

상법지중 유일나한 복도중생 인차교화 우일여인 자왈광목 설식공양

羅漢 問之 欲願何等 光目 答言 我以母亡之日 資福救拔 未知我母

나한 문지 욕원하등 광목 답언 아이모망지일 자복구발 미지아모

生處何趣 羅漢 愍之 爲入定觀 見光目女母 墮在惡趣 受極大苦

생처하취 나한 민지 위입정관 견광목여모 타재악취 수극대고

羅漢 問光目言 汝母在生 作何行業 今在惡趣 受極大苦 光目 答曰

나한 문광목언 여모재생 작하행업 금재악취 수극대고 광목 답왈

我母所習 唯好食啖 魚鼈之屬 所食魚鼈 多食其子 或炒或煮 恣情食啖

아모소습 유호식담 어별지속 소식어별 다식기자 혹초혹자 자정식담

計其命數 千萬復倍 尊者 慈愍 如何哀救 羅漢 愍之 爲作方便 勸光目言

계기명수 천만부배 존자 자민 여하애구 나한 민지 위작방편 권광목언

汝可志誠 念淸淨蓮華目如來 兼塑畵形像 存亡獲報 光目 聞已 卽捨所愛

여가지성 염청정연화목여래 겸소화형상 존망획보 광목 문이 즉사소애

尋 畵佛像 而供養之 復恭敬心 悲泣瞻禮 忽於夜後 夢見佛身 金色晃耀

심 화불상 이공양지 부공경심 비읍첨례 홀어야후 몽견불신 금색황요

如須彌山 放 大光明 而告光目 汝母不久 當生汝家　 覺飢寒 卽當言說

여수미산 방 대광명 이고광목 여모불구 당생여가 자각기한 즉당언설

其後家內 婢生一子 未滿 三日 而乃言說 稽首悲泣 告於光目 生死業緣

기후가내 비생일자 미만 삼일 이내언설 계수비읍 고어광목 생사업연

果報自受 吾是汝母 久處暗冥 自別汝去 累墮大地獄 今蒙福力 當得受生

과보자수 오시여모 구처암명 자별여거 누타대지옥 금몽복력 당득수생

爲下賤人 又復短命 壽年十三 更落惡道 汝有何計 令吾脫免 光目 聞說

위하천인 우부단명 수년십삼 갱락악도 여유하계 영오탈면 광목 문설

知母無疑 硬咽悲啼 而白婢子 旣是我母 合知本罪 作何行業 墮於惡道

지모무의 경열비제 이백비자 기시아모 합지본죄 작하행업 타어악도

婢子答言 以殺生毁罵二業 受報 若非蒙福 救拔吾難 以是業故 未合解脫

비자답언 이살생훼매이업 수보 약비몽복 구발오난 이시업고 미합해탈

光目 問言 地獄罪報其事云何 婢子 答言 罪苦之事 不忍稱說 百千歲中

광목 문언 지옥죄보기사운하 비자 답언 죄고지사 불인칭설 백천세중

卒白難竟 光目 聞已 啼淚號泣 而白空界 願我之母 永脫地獄 畢十三歲

졸백난경 광목 문이 제루호읍 이백공계 원아지모 영탈지옥 필십삼세

更無重罪 及歷惡道 十方諸佛 慈哀愍我 聽我爲母 所發廣大誓願

갱무중죄 급력악도 시방제불 자애민아 청아위모 소발광대서원

若得我母永離三塗 及斯下賤 乃至女人之身 永劫不受者 願我自今日後

약득아모영리삼도 급사하천 내지여인지신 영겁불수자 원아자금일후

對淸淨蓮華目如來 像前 却後百千萬億劫中 應有世界 所有地獄

대청정연화목여래 상전 각후백천만억겁중 응유세계 소유지옥

及三惡道諸罪苦衆生 誓願救拔 令離地獄惡趣畜生餓鬼等 如是罪報等人

급삼악도제죄고중생 서원구발 영리지옥악취축생아귀등 여시죄보등인

盡成佛竟然後 我方成正覺 發誓願已 具聞淸淨蓮華目如來之說

진성불경연후 아방성정각 발서원이 구문청정연화목여래지설

而告之曰光目 汝大慈愍 善能爲母 發如是大願 吾觀 汝母 十三歲畢

이고지왈광목 여대자민 선능위모 발여시대원 오관 여모 십삼세필

捨此報已 生爲梵志 壽年百歲 過是報後 當生無憂國土 壽命 不可計劫

사차보이 생위범지 수년백세 과시보후 당생무우국토 수명 불가계겁

後成佛果 廣度人天 數如恒河沙 佛告定自在王 爾時 羅漢 福度光目者

후성불과 광도인천 수여항하사 불고정자재왕 이시 나한 복도광목자

卽 無盡意菩薩 是 光目母子 卽 解脫菩薩 是 光目女者 卽 地藏菩薩 是

즉 무진의보살 시 광목모자 즉 해탈보살 시 광목녀자 즉 지장보살 시

過去久遠劫中 如是慈愍 發恒河沙願 廣度衆生 未來世中 若有男子女人

과거구원겁중 여시자민 발항하사원 광도중생 미래세중 약유남자여인

不行善者 行惡者 乃至不信因果者 邪淫妄語者 兩舌惡口者 毁謗大乘者

불행선자 행악자 내지불신인과자 사음망어자 양설악구자 훼방대승자

如是諸業衆生 必墮惡趣 若遇善知識 勸令一彈指間 歸依地藏菩薩

여시제업중생 필타악취 약우선지식 권령일탄지간 귀의지장보살

是諸衆生 卽得解脫三惡道報 若能至心歸敬 及瞻禮讚歎 香華衣服

시제중생 즉득해탈삼악도보 약능지심귀경 급첨례찬탄 향화의복

種種珍寶 或復飮食 如是奉事者 未來百千萬億劫中 常在諸天 受勝妙樂

종종진보 혹부음식 여시봉사자 미래백천만억겁중 상재제천 수승묘락

若天福盡 下生人間 有百千劫 常爲帝王 能憶宿命因果本末 定自在王

약천복진 하생인간 유백천겁 상위제왕 능억숙명인과본말 정자재왕

如是地藏菩薩 有如此不可思議大威神力 廣利衆生 汝等諸菩薩 當記是經

여시지장보살 유여차불가사의대위신력 광리중생 여등제보살 당기시경

廣宣流布 定自在王 白佛言 世尊 願不有慮 我等千萬億 菩薩摩訶薩

광선유포 정자재왕 백불언 세존 원불유려 아등천만억 보살마하살

必能承佛威神 廣演是經 於閻浮提 利益衆生 定自在王菩薩 白世尊已

필능승불위신 광연시경 어염부제 이익중생 정자재왕보살 백세존이

合掌恭敬 作禮而退 爾時 四方天王 俱從座起 合掌恭敬 白佛言 世尊

합장공경 작례이퇴 이시 사방천왕 구종좌기 합장공경 백불언 세존

地藏菩薩 於 久遠劫來 發如是大願 云何至今 猶度未絶 更發光大西願

지장보살 어 구원겁래 발여시대원 운하지금 유도미절 갱발광대서원

唯願世尊 爲我等說 佛告四天王 善哉善哉 吾今 爲汝及未來現在天人衆等

유원세존 위아등설 불고사천왕 선재선재 오금 위여급미래현재천인중등

廣利益故 說地藏菩薩 於 娑婆世界閻浮提內 生死道中 慈哀救拔

광이익고 설지장보살 어 사바세계염부제내 생사도중 자애구발

度脫一切罪苦衆生 方便之事 四天王 言 唯然世尊 願樂欲聞 佛告四天王

도탈일체죄고중생 방편지사 사천왕 언 유연세존 원요욕문 불고사천왕

地藏菩薩 久遠劫來 屹至于今 度脫衆生 猶未畢願 慈愍此世罪苦衆生

지장보살 구원겁래 흘지우금 도탈중생 유미필원 자민차세죄고중생

多觀未來 無量劫中 因蔓不斷 以是之故 又發重願 如是菩薩

다관미래 무량겁중 인만부단 이시지고 우발중원 여시보살

於娑婆世界閻浮提中 百千萬億方便 而爲敎化 四天王 地藏菩薩

어사바세계염부제중 백천만억방편 이위교화 사천왕 지장보살

若遇殺生者 說宿殃短命報 若遇竊盜者 說貧窮苦楚報 若遇邪淫者

약우살생자 설숙앙단명보 약우절도자 설빈궁고초보 약우사음자

說雀　鴛鴦報 若遇惡口者 說眷屬鬪諍報 若遇毀謗者 說無舌瘡口報

설작합원앙보 약우악구자 설권속투쟁보 약우훼방자 설무설창구보

若遇瞋㤭者 說醜陋癃殘報 若遇慳悋者 說所求違願報 若遇飮食無度者

약우진에자 설추루융잔보 약우간린자 설소구위원보 약우음식무도자

說飢渴咽病報 若遇佃獵恣情者 說驚狂喪命報 若遇悖逆父母者

설기갈인병보 약우전렵자정자 설경광상명보 약우패역부모자

說天地災殺報 若遇燒山林木者 說狂迷取死報 若遇前後父母惡毒者

설천지재살보 약우소산림목자 설광미취사보 약우전후부모악독자

說返生鞭撻現受報 若遇網捕生雛者 說骨肉分離報 若遇毀謗三寶者

설반생편달현수보 약우망포생추자 설골육분리보 약우훼방삼보자

說盲聾瘖啞報 若遇輕法慢敎者 說永處惡道報 若遇破用常住者

설맹농음아보 약우경법만교자 설영처악도보 약우파용상주자

說億劫輪廻地獄報 若遇汚梵誣僧者 說永在畜生報 若遇湯火斬斫像生者

설억겁윤회지옥보 약우오범무승자 설영재축생보 약우탕화참작상생자

說輪廻遞像報 若遇破戒犯齋者 說禽獸飢餓報 若遇非理毀用者

설윤회체상보 약우파계범재자 설금수기아보 약우비리훼용자

說所求闕絕報 若遇我慢貢高者 說卑使下賤報 若遇兩舌鬪亂者

설소구궐절보 약우아만공고자 설비사하천보 약우양설투란자

說無舌百舌報 若遇邪見者 說邊地受生報 如是等閻浮提衆生

설무설백설보 약우사견자 설변지수생보 여시등염부제중생

身口意業惡習結果 百千報應 今粗略說 如是等閻浮提衆生 業感差別

신구의업악습결과 백천보응 금조약설 여시등염부제중생 업감차별

地藏菩薩 百千方便 而敎化之 是諸衆生 先受如是等報 後墮地獄

지장보살 백천방편 이교화지 시제중생 선수여시등보 후타지옥

動經劫數 無有出期 是故 汝等 護人護國 無令是諸衆業 迷惑衆生 四天王

동경겁수 무유출기 시고 여등 호인호국 무령시제중업 미혹중생 사천왕

聞已 涕淚悲歎 合掌而退.

문이 체루비탄 합장이퇴.

地獄名號品 第五.

지옥명호품 제오

爾時 普賢菩薩摩訶薩 白地藏菩薩言 仁者 願爲天龍八部

이시 보현보살마하살 백지장보살언 인자 원위천룡팔부

及未來現在一切衆生 說 娑婆世界 及閻浮提罪苦衆生 所受報處 地獄名號

급미래현재일체중생 설 사바세계 급염부제죄고중생 소수보처 지옥명호

及 惡報等事 使未來世 末法衆生 知是果報 地藏 答言 仁者

급 악보등사 사미래세 말법중생 지시과보 지장 답언 인자

我今承佛威神 及大士之刀 畧說地獄名號及 罪報之事 仁者 閻浮提 東方

아금승불위신 급대사지력 약설지옥명호급 죄보지사 인자 염부제 동방

아금승불위신 급대사지력 약설지옥명호급 죄보지사 인자 염부제 동방

有山 號曰鐵圍 其山 黑邃 無 日月光 有大地獄 號 極無間 又有地獄

유산 호왈철위 기산 흑수 무 일월광 유대지옥 호 극무간 우유지옥

名曰大阿鼻 復有地獄 名曰四角 復有地獄 名曰飛刀 復有地獄 名曰火箭

명왈대아비 부유지옥 명왈사각 부유지옥 명왈비도 부유지옥 명왈화전

復有地獄 名曰夾山 復有地獄 名曰通槍 復有地獄 名曰鐵車 復有地獄

부유지옥 명왈협산 부유지옥 명왈통창 부유지옥 명왈철거 부유지옥

名曰鐵床 復有地獄 名曰鐵牛 復有地獄 名曰鐵衣 復有地獄 名曰千刃

명왈철상 부유지옥 명왈철우 부유지옥 명왈철의 부유지옥 명왈천인

復有地獄 名曰鐵驢 復有地獄 名曰양銅 復有地獄 名曰抱柱 復有地獄

부유지옥 명왈철려 부유지옥 명왈양동 부유지옥 명왈포주 부유지옥

名曰流火 復有地獄 名曰耕舌 復有地獄 名曰좌首 復有地獄 名曰燒脚

명왈유화 부유지옥 명왈경설 부유지옥 명왈좌수 부유지옥 명왈소각

復有地獄 名曰담眼 復有地獄 名曰鐵丸 復有地獄 名曰諍論 復有地獄

부유지옥 명왈담안 부유지옥 명왈철환 부유지옥 명왈쟁론 부유지옥

名曰鐵銖 復有地獄 名曰多瞋 地藏菩薩 又言 仁者 鐵圍之內

명왈철수 부유지옥 명왈다진 지장보살 우언 인자 철위지내

有 如是等地獄 其數無限 更有叫喚地獄 拔舌地獄 糞尿地獄 銅鎖地獄

유 여시등지옥 기수무한 갱유규환지옥 발설지옥 분뇨지옥 동쇄지옥

火象地獄 火狗地獄 火馬地獄 火牛地獄 火山地獄 火石地獄 火床地獄

화상지옥 화구지옥 화마지옥 화우지옥 화산지옥 화석지옥 화상지옥

火梁地獄 火鷹地獄 鋸牙地獄 剝皮地獄 飮血地獄 燒手地獄 燒脚地獄

화량지옥 화응지옥 거아지옥 박피지옥 음혈지옥 소수지옥 소각지옥

倒刺地獄 火屋地獄 鐵屋地獄 火狼地獄 如是等地獄 其中

도자지옥 화옥지옥 철옥지옥 화랑지옥 여시등지옥 기중

各各復有諸小地獄 或一或二 或三或四 乃至百千 其中名號 各各不同

각각부유제소지옥 혹일혹이 혹삼혹사 내지백천 기중명호 각각부동

地藏菩薩 又告普賢菩薩言 仁者 此者 皆是南閻浮提行惡衆生 業感 如是

지장보살 우고보현보살언 인자 차자 개시남염부제행악중생 업감 여시

業力 甚大 能敵須彌 能深巨海 能障聖道 是故 衆生 莫輕小惡 以爲無罪

업력 심대 능적수미 능심거해 능장성도 시고 중생 막경소악 이위무죄

死後有報 纖毫受之 父子至親 岐路各別 縱然相逢 無肯代受

사후유보 섬호수지 부자지친 기로각별 종연상봉 무긍대수

我今 承佛威力 略說地獄罪報之事 惟願仁者 暫聽是言 普賢菩薩 答言

아금 승불위력 약설지옥죄보지사 유원인자 잠청시언 보현보살 답언

吾雖久知三惡道報 望仁者說 令後世末法一切惡行衆生 聞仁者說

오수구지삼악도보 망 인자설 영후세말법일체악행중생 문인자설

使令歸向佛法 地藏菩薩 白言 仁者 地獄罪報 其事如是 或有地獄

사령귀향불법 지장보살 백언 인자 지옥죄보 기사여시 혹유지옥

取罪人舌 使牛耕之 或有地獄 取 罪人心 夜叉食之 或有地獄 鑊湯盛沸

취죄인설 사우경지 혹유지옥 취 죄인심 야차식지 혹유지옥 확탕성비

煮 罪人身 或有地獄 赤燒銅柱 使罪人抱 或有地獄 飛 猛火聚 진及罪人

자 죄인신 혹유지옥 적소동주 사죄인포 혹유지옥 비 맹화취 진급죄인

或有地獄 一向寒氷 或有地獄 無限糞尿 或有地獄 飛鐵질려 或有地獄

혹유지옥 일향한빙 혹유지옥 무한분뇨 혹유지옥 비철질려 혹유지옥

多찬火槍 或有地獄 椎撞胸背 或有地獄 俱燒手足 或有地獄 盤攪鐵蛇

다찬화창 혹유지옥 추당흉배 혹유지옥 구소수족 혹유지옥 반교철사

或有地獄 驅逐鐵狗 或有地獄 拉駕鐵驢 仁者 如是等報 各各獄中

혹유지옥 구축철구 혹유지옥 병가철려 인자 여시등보 각각옥중

有百千種 業道之器 無非是銅是鐵 是石是火 此四種物 衆業行感

유백천종 업도지기 무비시동시철 시석시화 차사종물 중업행감

若廣說地獄罪報等事 一一獄中 更有 百千種 苦楚 何況多獄

약광설지옥죄보등사 일일옥중 갱유 백천종 고초 하황다옥

我今 承佛威神 及仁者問 略說如是 若廣解說 窮劫不盡.

아금 승불위신 급인자문 약설여시 약광해설 궁겁부진.

如來讚歎品 第六

여래찬탄품 제육

爾時 世尊 擧身放 大光明 遍照百千億 恒河沙等諸佛世界 出大音聲

이시 세존 거신방 대광명 변조백천억 항하사등제불세계 출대음성

普告諸佛世界一切諸菩薩摩訶薩 及天龍鬼神 人非人等 聽吾今日

보고제불세계일체제보살마하살 급천룡귀신 인비인등 청오금일

稱揚讚歎地藏菩薩摩訶薩 於 十方世界 現大不可思議 威神慈悲之力

칭양찬탄지장보살마하살 어 시방세계 현대불가사의 위신자비지력

救護一切 罪苦之事 吾 滅度後 汝等諸菩薩大士 及 天龍鬼神等 廣作方便

구호일체 죄고지사 오 멸도후 여등제보살대사 급 천룡귀신등 광작방편

衛護是經 令一切衆生 離 一切苦 證 涅槃樂 說是語已 會中 有一菩薩

위호시경 영일체중생 이 일체고 증 열반락 설시어이 회중 유일보살

名曰普廣 合掌恭敬 而白佛言 今見世尊 讚歎地藏菩薩 有如是不可思議

명왈보광 합장공경 이백불언 금견세존 찬탄지장보살 유여시불가사의

大威神德 唯願世尊 爲未來世 末法衆生 宣說地藏菩薩 利益人天因果等事

대위신덕 유원세존 위미래세 말법중생 선설지장보살 이익인천인과등사

使諸天龍八部及未來世衆生 頂受佛語.

사제천룡팔부급미래세중생 정수불어.

爾時 世尊 告 普廣菩薩 及 四衆等 제聽제聽 吾當爲汝 若說地藏菩薩

이시 세존 고 보광보살 급 사중등 제청제청 오당위여 약설지장보살

利益人天福德之事 普廣 白言 唯然世尊 願樂欲聞 佛告普廣菩薩

이익인천복덕지사 보광 백언 유연세존 원요욕문 불고보광보살

未來世中 若有善男子善女人 聞是地藏菩薩 摩訶薩名者 或合掌者 讚歎者

미래세중 약유선남자선녀인 문시지장보살 마하살명자 혹합장자 찬탄자

作禮者 戀慕者 是人 超越三十劫罪 普廣 若有善男子善女人 或彩畫形像

작례자 연모자 시인 초월삼십겁죄 보광 약유선남자선녀인 혹채화형상

或 土石膠漆 金銀銅鐵 作此菩薩 一瞻一禮者 是人 百返生於三十三天

혹 토석교칠 금은동철 작차보살 일첨일례자 시인 백반생어삼십삼천

永不墮於惡道 假如天福 盡故 下生人間 猶爲國王 不失大利 若有女人

영불타어악도 가여천복 진고 하생인간 유위국왕 불실대리 약유여인

厭 女人身 盡心供養地藏菩薩畫像 及土石膠漆銅鐵等像 如是日日不退

염 여인신 진심공양지장보살화상 급토석교칠동철등상 여시일일불퇴

常以華香飲食 衣服繒綵 幢幡錢寶物等 供養 是 善女人 盡此一報女身

상이화향음식 의복증채 당번전보물등 공양 시 선여인 진차일보여신

百千萬劫 更不生 有女人世界 何況復受女身 除 非慈願力故 要受女身

백천만겁 갱불생 유여인세계 하황부수여신 제 비자원력고 요수여신

度脫衆生 承斯供養地藏菩薩之力 及功德力故 百千萬劫

도탈중생 승사공양지장보살지력 급공덕력고 백천만겁

更不復受女人之身 復次普廣菩薩 若有女人 厭是醜陋 多疾病者

갱불부수여인지신 부차보광보살 약유여인 염시추루 다질병자

但於地藏菩薩像前 至心瞻禮食頃之間 是人 千萬劫中 所受生身 相貌圓滿

단어지장보살상전 지심첨례식경지간 시인 천만겁중 소수생신 상모원만

無諸疾病 是 醜陋女人 如不厭是女身 卽百千萬億生中 常爲王女

무제질병 시 추루여인 여불염시여신 즉백천만억생중 상위왕녀

乃及王妃 宰輔大姓 大長者女 端正受生 諸相 圓滿 由至心故

내급왕비 재보대성 대장자녀 단정수생 제상 원만 유지심고

瞻禮地藏菩薩 獲福如是 復次普廣 若有善男子善女人 能對地藏菩薩像前

첨례지장보살 획복여시 부차보광 약유선남자선녀인 능대지장보살상전

作諸妓樂 歌詠讚歎 香華供養 乃至勸於一人多人 如是等輩 現在世中

작제기악 가영찬탄 향화공양 내지권어일인다인 여시등배 현재세중

及 未來世 常得百千鬼神 日夜衛護 不令惡事 輒聞於耳 何況親受諸橫

급 미래세 상득백천귀신 일야위호 불령악사 첩문어이 하황친수제횡

復次普廣菩薩 未來世中 若有惡人 及惡神惡鬼 見有善男子善女人

부차보광보살 미래세중 약유악인 급악신악귀 견유선남자선녀인

歸敬供養讚歎瞻禮地藏菩薩形像 或妄生譏毀 謗無功德 及利益事

귀경공양찬탄첨례지장보살형상 혹망생기훼 방무공덕 급이익사

或露齒笑 或背面非 或 勸人共非 或 一人非 或 多人非 乃至一念

혹로치소 혹배면비 혹 권인공비 혹 일인비 혹 다인비 내지일념

生譏毀者 如是之人 至賢劫千佛滅度之後 譏毀罪報 尚在 阿鼻地獄

생기훼자 여시지인 지현겁천불멸도지후 기훼죄보 상재 아비지옥

受 極重罪 過是劫已 方受餓鬼 又經千劫 復受畜生 又經千劫 方得人身

수 극중죄 과시겁이 방수아귀 우경천겁 부수축생 우경천겁 방득인신

縱受人身 貧窮下賤 諸根 不具 多被惡業 來結其身 不久之間 復墮惡道

종수인신 빈궁하천 제근 불구 다피악업 내결기신 불구지간 부타악도

是故 普廣 譏毀他人供養 尚獲此報 何況別生惡見毀滅 復次普廣菩薩

시고 보광 기훼타인공양 상획차보 하황별생악견훼멸 부차보광보살

若未來世 有 男子女人 久患牀枕 求生求死 了不可得 或夜夢

약미래세 유 남자여인 구환상침 구생구사 요불가득 혹야몽

惡鬼乃及家親 或遊險道 或多염魅 共鬼神遊 日月歲深 轉復왕채

악귀내급가친 혹유험도 혹다염매 공귀신유 일월세심 전부왕채

睡中叫喚 慘悽不樂者 此 皆是業道論對 未定輕重 或難捨壽 或不得愈

수중규환 참처불락자 차 개시업도론대 미정경중 혹난사수 혹부득유

男女俗眼 不辯是事 但當對諸佛菩薩像前 高聲轉讀此經一遍 或取病人

남녀속안 불변시사 단당대제불보살상전 고성전독차경일편 혹취병인

可愛之物 或衣服寶貝 莊園舍宅 對病人前 高聲唱言 我某甲等 爲是病人

가애지물 혹의복보패 장원사택 대병인전 고성창언 아모갑등 위시병인

對經 像前 捨諸物等 或供養經像 或造佛菩薩形像 或造塔寺 或燃油燈

대경 상전 사제물등 혹공양경상 혹조불보살형상 혹조탑사 혹연유등

或施常住 如是三白病人 遣令聞知 假使諸識 分散 至氣盡者

혹시상주 여시삼백병인 견령문지 가사제식 분산 지기진자

一日二日三日乃至七日已來 但高聲白事 高聲讀經 是人 命終之後

일일이일삼일내지칠일이래 단고성백사 고성독경 시인 명종지후

宿殃重罪 至于五無間罪 永得解脫 所受生處 常知宿命 何況善男子善女人

숙앙중죄 지우오무간죄 영득해탈 소수생처 상지숙명 하황선남자선녀인

自書此經 或 敎人書 或自塑畫菩薩形像 乃至敎人塑畫 所受果報

자서차경 혹 교인서 혹자소화보살형상 내지교인소화 소수과보

必獲大利 是故 普廣 若見有人 讀誦是經 乃至一念 讚歎是經

필획대리 시고 보광 약견유인 독송시경 내지일념 찬탄시경

或恭敬是經者 汝須百千方便 勸是等人 勤心莫退 能得未來現在

혹공경시경자 여수백천방편 권시등인 근심막퇴 능득미래현재

百千萬億不可思議功德. 復次普廣菩薩 若未來世 諸衆生等 或夢或寐

백천만억불가사의공덕 부차보광보살 약미래세 제중생등 혹몽혹매

見諸鬼神 乃及諸形 或悲或啼 或愁或歎 或恐或怖 此 皆是一生十生

견제귀신 내급제형 혹비혹제 혹수혹탄 혹공혹포 차 개시일생십생

百生千生 過去父母 男女弟妹 付處眷屬 在於惡趣 未得出離

백생천생 과거부모 남녀제매 부처권속 재어악취 미득출리

無處希望福力 救拔苦惱 當告宿世骨肉 使作方便 願離惡道 普廣

무처희망복력 구발고뇌 당고숙세골육 사작방편 원리악도 보광

汝以神力 遣是眷屬 令對諸佛菩薩像前 至心 自讀此經 或 請人讀

여이신력 견시권속 영대제불보살상전 지심 자독차경 혹 청인독

其數三遍 或至七遍 如是惡道眷屬 經聲 畢是遍數 當得解脫

기수삼편 혹지칠편 여시악도권속 경성 필시편수 당득해탈

乃至夢寐之中 永不復見 復次普廣 若 未來世 有諸下賤等人 或奴或婢

내지몽매지중 영불부견 부차보광 약 미래세 유제하천등인 혹노혹비

乃至諸不自由之人 覺知宿業 要懺悔者 至心瞻禮地藏菩薩形像

내지제부자유지인 각지숙업 요참회자 지심첨례지장보살형상

乃於一七日中 念 菩薩名 可滿萬遍 如是等人 盡此報後千萬生中

내어일칠일중 염 보살명 가만만편 여시등인 진차보후천만생중

常生尊貴 更不經歷三惡道苦. 復次普廣 若 未來世中閻浮提內

상생존귀 갱불경력삼악도고. 부차보광 약 미래세중염부제내

刹利婆羅門長者居士 一切人等 及異姓種族 有新生者 或男或女 七日之中

찰리바라문장자거사 일체인등 급이성종족 유신생자 혹남혹녀 칠일지중

早與讀誦此不可思議經典 更爲念菩薩名號 可滿萬遍 是新生子 或男或女

조여독송차불가사의경전 갱위염보살명호 가만만편 시신생자 혹남혹녀

宿有殃報 便得解脫 安樂易養 壽命 增長 若是承福 生者 轉增安樂

숙유앙보 변득해탈 안락이양 수명 증장 약시승복 생자 전증안락

及與壽命 復此普廣 若未來世衆生 於月一日八日 十四十五 十八日二十三

급여수명 부차보광 약미래세중생 어월일일팔일 십사십오 십팔일이십삼

二十四 二十八日 二十九三十日 是諸日等 諸罪結集 定其輕重

이십사 이십팔일 이십구삼십일 시제일등 제죄결집 정기경중

南閻浮提衆生 擧止動念 無不是業 無不是罪 何況恣情 殺生竊盜

남염부제중생 거지동념 무불시업 무불시죄 하황자정 살생절도

邪淫妄語 百千罪狀 若能於是十齋之日 對 佛菩薩 及諸賢聖像前

사음망어 백천죄상 약능어시십재지일 대 불보살 급제현성상전

轉讀是經一遍 東西南北百由旬內 無諸災難 當次居家 若長若幼

전독시경일편 동서남북백유순내 무제재난 당차거가 약장약유

現在未來百千歲中 永離惡趣 能於十齋日 每轉一遍 現世 令此居家

현재미래백천세중 영리악취 능어십재일 매전일편 현세 영차거가

無諸橫病 衣食 豊溢 是故 普廣 當知 地藏菩薩 有如是等不可說百千萬億

무제횡병 의식 풍일 시고 보광 당지 지장보살 유여시등불가설백천만억

大威神力 利益之事 閻浮衆生 於此大士 有大因緣 是諸衆生 聞 菩薩名

대위신력 이익지사 염부중생 어차대사 유대인연 시제중생 문 보살명

見 菩薩像 乃至聞 是經三字五字 或一偈一句者 現在 殊妙安樂 未來之世

견 보살상 내지문 시경삼자오자 혹일게일구자 현재 수묘안락 미래지세

百千萬生 常得端正 生 尊貴家.

백천만생 상득단정 생 존귀가.

爾時 普廣菩薩 聞佛如來 稱揚讚歎地藏菩薩 胡　合掌 復白佛言 世尊 我久知是 大士

이시 보광보살 문불여래 칭양찬탄지장보살 호궤합장 부백불언 세존 아 구지시대사

有 如此不可思議神力 及 大誓願力 爲未來衆生 遣知利益 故問如來

유 여차불가사의신력 급 대서원력 위미래중생 견지이익 고문여래

唯願頂受 世尊 當何名此經 使我 云何流布 佛告普廣 此經 凡有三名

유원정수 세존 당하명차경 사아 운하유포 불고보광 차경 범유삼명

一名 地藏本願 亦名 地藏本行 亦名地藏本誓力經 緣此菩薩 久遠劫來

일명 지장본원 역명 지장본행 역명지장본서력경 연차보살 구원겁래

發大重願 利益衆生 是故 汝等 依願流布 普廣菩薩 聞已信受 合掌恭敬

발대중원 이익중생 시고 여등 의원유포 보광보살 문이신수 합장공경

作禮而退.

작례이퇴.

利益存亡品 第七

이익존망품 제칠

爾時 地藏菩薩摩訶薩 白佛言 世尊 我觀 是 閻浮提衆生 擧足動念

이시 지장보살마하살 백불언 세존 아관 시 염부제중생 거족동념

無非是罪 若遇善利 多退初心 或遇惡緣 念念增益 是等輩人 如履泥塗

무비시죄 약우선리 다퇴초심 혹우악연 염념증익 시등배인 여리니도

負於重石 漸困漸重 足涉深邃 若得遇善知識 替與減負 或全與負

부어중석 점곤점중 족섭심수 약득우선지식 체여감부 혹전여부

是善知識 有大力故 復相扶助 勸令牢脚 若達平地 須省惡路 無再經歷

시선지식 유대력고 부상부조 권령뇌각 약달평지 수성악로 무재경력

世尊 習惡衆生 從纖毫間 便至無量 是諸衆生 有如此習 臨命終時

세존 습악중생 종섬호간 변지무량 시제중생 유여차습 임명종시

男女眷屬 宜爲設福 以資前路 或縣旛盖 及燃油燈 或轉讀尊經

남녀권속 의위설복 이자전로 혹현번개 급연유등 혹전독존경

或供養佛像 及諸聖像 乃至念佛菩薩 及　支佛名字 一名一號

혹공양불상 급제성상 내지염불보살 급벽지불명자 일명일호

歷 臨終人耳根 或聞在本識 是諸衆生 所造惡業 計其感果 必墮惡趣

역 임종인이근 혹문재본식 시제중생 소조악업 계기감과 필타악취

緣是眷屬 爲其臨終之人 修此聖因 如是衆罪 悉皆消滅 若能更爲身死之後

연시권속 위기임종지인 수차성인 여시중죄 실개소멸 약능갱위신사지후

七七日內 廣造衆善 能使是諸衆生 永離惡趣 得生人天 受勝妙樂

칠칠일내 광조중선 능사시제중생 영리악취 득생인천 수승묘락

現在眷屬 利益無量 是故 我今 對佛世尊 及天龍八部人非人等

현재권속 이익무량 시고 아금 대불세존 급천룡팔부인비인등

勸於閻浮提衆生 臨終之日 愼勿殺生 及造惡緣 拜祭鬼神 求諸망량

권어염부제중생 임종지일 신물살생 급조악연 배제귀신 구제망량

何以故 是所殺生 乃至拜祭 無纖毫之力 利益亡人 但結罪緣 轉增深重

하이고 시소살생 내지배제 무섬호지력 이익망인 단결죄연 전증심중

假使來世 或現在生 得獲聖分 生 人天中 緣是臨終 被諸眷屬 造是惡因

가사내세 혹현재생 득획성분 생 인천중 연시임종 피제권속 조시악인

亦令是命終人 殃累對辯 晚生善處 何況臨命終人 在生 未曾有少善根

역령시명종인 앙루대변 만생선처 하황임명종인 재생 미증유소선근

各據本業 自受惡趣 何忍眷屬 更爲增業 譬如有人 從遠地來 絶粮三日

각거본업 자수악취 하인권속 갱위증업 비여유인 종원지래 절량삼일

所負擔物 强過百斤 忽遇隣人 更附少物 以是之故 轉復困重 世尊 我觀

소부담물 강과백근 홀우인인 갱부소물 이시지고 전부곤중 세존 아관

閻浮衆生 但能於諸佛敎中 乃至善事 一毛一滴 一沙一塵 如是利益

염부중생 단능어제불교중 내지선사 일모일적 일사일진 여시이익

悉皆自得.

실개자득.

說是語時 會中 有一長者 名曰大辯 是長者 久證無生

설시어시 회중 유일장자 명왈대변 시장자 구증무생

化度十方 現長者身 合掌恭敬 問地藏菩薩言 大士 是南閻浮提衆生

화도시방 현장자신 합장공경 문지장보살언 대사 시남염부제중생

命終之後 大小眷屬 爲修功德 乃至設齋 造 衆善因 是 命終人 得大利益

명종지후 대소권속 위수공덕 내지설재 조 중선인 시 명종인 득대이익

及 解脫不 地藏菩薩 答言 長者 我今 爲 未來現在一切衆生 承佛威力

급 해탈부 지장보살 답언 장자 아금 위 미래현재일체중생 승불위력

略說是事 長者 未來現在諸衆生等 臨命終日 得聞一佛名 一菩薩名

약설시사 장자 미래현재제중생등 임명종일 득문일불명 일보살명

一 支佛名 不問有罪無罪 悉得解脫 若有男子女人 在生 不修善因

일벽지불명 불문유죄무죄 실득해탈 약유남자여인 재생 불수선인

多造衆罪 命終之後 眷屬大小 爲造福利一切聖事 七分之中 而乃獲一

다조중죄 명종지후 권속대소 위조복리일체성사 칠분지중 이내획일

六分功德 生者 自利 以是之故 未來現在善男女等 聞健自修 分分全獲.

육분공덕 생자 자리 이시지고 미래현재선남녀등 문건자수 분분전획.

無常大鬼 不期而到 冥冥遊神 未知罪福 七七日內 如癡如聾 或在諸司

무상대귀 불기이도 명명유신 미지죄복 칠칠일내 여치여농 혹재제사

辯論業果 審定之後 據業受生 未測之間 千萬愁苦 何況墮於諸惡趣等

변론업과 심정지후 거업수생 미측지간 천만수고 하황타어제악취등

是 命終人 未得受生 在七七日內 念念之間 望諸骨肉眷屬 與造福力救拔

시 명종인 미득수생 재칠칠일내 염념지간 망제골육권속 여조복력구발

過是日後 隨業受報 若是罪人 動經 千百歲中 無 解脫日 若是五無間罪

과시일후 수업수보 약시죄인 동경 천백세중 무 해탈일 약시오무간죄

墮大地獄 千劫萬劫 永受衆苦 復次長者 如是罪業衆生 命終之後

타대지옥 천겁만겁 영수중고 부차장자 여시죄업중생 명종지후

眷屬骨肉 爲修營齋 資助業道 未齋食竟 及營齋之次 未敢葷葉 不棄於地

권속골육 위수영재 자조업도 미재식경 급영재지차 미감채엽 불기어지

乃至諸食 未獻佛僧 勿得先食 如有違食 及不精勤 是命終人 七分 獲一

내지제식 미헌불승 물득선식 여유위식 급불정근 시명종인 칠분 획일

是故 長者 閻浮衆生 若能爲其父母 乃至眷屬 命終之後 設齋供養

시고 장자 염부중생 약능위기부모 내지권속 명종지후 설재공양

至心勤懇 如是之人 存亡獲利 說是語時　利天宮 有 千萬億

지심근간 여시지인 존망획리 설시어시 도리천궁 유 천만억

那由他閻浮鬼神 悉發無量菩提心 大辯長者 歡喜奉敎 作禮而退.

나유타염부귀신 실발무량보리심 대변장자 환희봉교 작례이퇴.

閻羅王衆讚歎品 第八

염라왕중찬탄품 제팔

爾時 鐵圍山內 有無量 鬼王 與閻羅天子 俱詣도利 來到佛所

이시 철위산내 유무량 귀왕 여염라천자 구예도리 내도불소

所謂惡毒鬼王 多惡鬼王 大諍鬼王 白虎鬼王 血虎鬼王 赤虎鬼王

소위악독귀왕 다악귀왕 대쟁귀왕 백호귀왕 혈호귀왕 적호귀왕

散殃鬼王 飛身鬼王 電光鬼王 狼牙鬼王 千眼鬼王 담獸鬼王 負石鬼王

산앙귀왕 비신귀왕 전광귀왕 낭아귀왕 천안귀왕 담수귀왕 부석귀왕

主耗鬼王 主禍鬼王 主福鬼王 主食鬼王 主財鬼王 主畜鬼王 主禽鬼王

주모귀왕 주화귀왕 주복귀왕 주식귀왕 주재귀왕 주축귀왕 주금귀왕

主獸鬼王 主魅鬼王 主産鬼王 主命鬼王 主疾鬼王 主險鬼王 三目鬼王

주수귀왕 주매귀왕 주산귀왕 주명귀왕 주질귀왕 주험귀왕 삼목귀왕

四目鬼王 五目鬼王 祁利失王 大祁利失王 祁利叉王 大祁利叉王

사목귀왕 오목귀왕 기리실왕 대기리실왕 기리차왕 대기리차왕

阿那他王 大阿那他王 如是等大鬼王 各各與百千諸小鬼王 盡居閻浮提

아나타왕 대아나타왕 여시등대귀왕 각각여백천제소귀왕 진거염부제

各有所執 各有所住 是諸鬼王 與閻羅天子 承佛威神 及地藏菩薩摩訶薩力

각유소집 각유소주 시제귀왕 여염라천자 승불위신 급지장보살마하살력

俱詣忉利 在一面立 爾時 閻羅天子 胡궤合掌 白佛言 世尊 我等 今者

구예도리 재일면립 이시 염라천자 호궤합장 백불언 세존 아등 금자

與諸鬼王 承佛威神 及地藏菩薩 摩訶薩力 方得詣此 忉利大會 亦是我等

여제귀왕 승불위신 급지장보살 마하살력 방득예차 도리대회 역시아등

獲善利故 我今有 小疑事 敢問世尊 唯願世尊 慈悲 爲我宣說

획선리고 아금유 소의사 감문세존 유원세존 자비 위아선설

佛告閻羅天子 恣汝所問 吾爲汝說 是時 閻羅天子 瞻禮世尊

불고염라천자 자여소문 오위여설 시시 염라천자 첨례세존

及 廻視地藏菩薩 而白佛言 世尊 我觀 地藏菩薩 在 六道中 百天方便

급 회시지장보살 이백불언 세존 아관 지장보살 재 육도중 백천방편

而度罪苦衆生 不辭疲倦 是大菩薩 有 如是不可思議神通之事 然諸衆生

이도죄고중생 불사피권 시대보살 유 여시불가사의신통지사 연제중생

脫獲罪報 未久之間 又墮惡道 世尊 是地藏菩薩 旣有如是 不可思議神力

탈획죄보 미구지간 우타악도 세존 시지장보살 기유여시불가사의신력

云何衆生 而不依止善道 永取解脫 唯願世尊 爲我解說 佛告閻羅天子

운하중생 이불의지선도 영취해탈 유원세존 위아해설 불고염라천자

南閻浮提是衆生 其性 剛强 難調難伏 是大菩薩 於 百千劫 頭頭

남염부제중생 기성 강강 난조난복 시대보살 어 백천겁 두두

救拔如是衆生 早令解脫 是罪報人 乃至墮 大惡趣 菩薩 以方便力

구발여시중생 조령해탈 시죄보인 내지타 대악취 보살 이방편력

出拔根本業緣 而遣悟 宿世之事 自是閻浮衆生 結惡習重 旋出旋入

출발근본업연 이견오 숙세지사 자시염부중생 결악습중 선출선입

勞斯菩薩 久經劫數 而作度脫 譬如有人 迷失本家 誤入險道 其險道中

노사보살 구경겁수 이작도탈 비여유인 미실본가 오입험도 기험도중

多諸夜叉 及虎狼獅子 蚖蛇蝮蝎 如是迷人 在險道中 須臾之間 卽遭諸毒

다제야차 급호랑사자 원사복갈 여시미인 재험도중 수유지간 즉조제독

有一知識 多解大術 善禁是毒 乃及夜叉諸惡毒等 忽逢迷人 欲進險道

유일지식 다해대술 선금시독 내급야차제악독등 홀봉미인 욕진험도

而語之言 咄哉 男子 爲何事故 而入此路 有何異術 能制諸毒 是迷路人

이어지언 돌재 남자 위하사고 이입차로 유하이술 능제제독 시미로인

忽聞是語 方知險道 卽便退步 求出此路 是 善知識 提携接手 引出險道

홀문시어 방지험도 즉변퇴보 구출차로 시 선지식 제휴접수 인출험도

免諸惡毒 至于好道 令得安樂 而語之言 咄哉迷人 自今以後 勿履是道

면제악독 지우호도 영득안락 이어지언 돌재미인 자금이후 물리시도

此路入者 卒難得出 復損性命 是迷路人 亦生感動 臨別之時 知識 又言

차로입자 졸난득출 부손성명 시미로인 역생감동 임별지시 지식 우언

若見知親 及諸路人 若男若女 言於此路 多諸毒惡 喪失性命 無令是衆

약견지친 급제로인 약남약녀 언어차로 다제독악 상실성명 무령시중

自取其死 是故 地藏菩薩 具大慈悲 救拔罪苦衆生 欲生天人中 令受妙樂

자취기사 시고 지장보살 구대자비 구발죄고중생 욕생천인중 영수묘락

是諸罪衆 知業道苦 脫得出離 永不再歷 如迷路人 誤入險道 遇 善知識

시제죄중 지업도고 탈득출리 영불재력 여미로인 오입험도 우 선지식

引接令出 永不復入 逢見他人 復勸莫入 自然 因是迷故 解脫離竟

인접령출 영불부입 봉견타인 부권막입 자연 인시미고 해탈이경

更不復入 若再履踐 猶尚迷誤 不覺舊曾所落險道 或致失命 如墮惡趣衆生

갱불부입 약재이천 유상미오 불각구증소락험도 혹치실명 여타악취중생

地藏菩薩 方便力故 使令解脫 生 人天中 旋又再入 若業結重 永處地獄

지장보살 방편력고 사령해탈 생 인천중 선우재입 약업결중 영처지옥

無解脫時 爾時 惡毒鬼王 合掌恭敬 白佛言 世尊 我等諸鬼王 其數無量

무해탈시 이시 악독귀왕 합장공경 백불언 세존 아등제귀왕 기수무량

在閻浮提 或 利益人 或 損害人 各各不同 然是業報 使我眷屬 遊行 世界

재염부제 혹 이익인 혹 손해인 각각부동 연시업보 사아권속 유행 세계

多惡少善 過人家庭 或 城邑聚落 莊園房舍 或有男子女人 修 毫髮善事

다악소선 과인가정 혹 성읍취락 장원방사 혹유남자여인 수 호발선사

乃至懸一幡一盖 少香少華 供養佛像 及菩薩像 或轉讀尊經

내지현일번일개 소향소화 공양불상 급보살상 혹전독존경

燒香供養一句一偈 我等鬼王 敬禮是人 如 過去現在未來諸佛 勅諸小鬼

소향공양일구일게 아등귀왕 경례시인 여 과거현재미래제불 칙제소귀

各有大力 及 土地分 更令衛護 不令惡事橫事 惡病橫病 乃至不如意事

각유대력 급 토지분 갱령위호 불령악사횡사 악병횡병 내지불여의사

近於此舍等處 何況入其門戶 佛讚鬼王 善哉善哉 汝等及與閻羅天子

근어차사등처 하황입기문호 불찬귀왕 선재선재 여등급여염라천자

能如是擁護善男子善女人 吾亦令於梵王帝釋 衛護汝等 說是語時 會中

능여시옹호선남자선녀인 오역령어범왕제석 위호여등 설시어시 회중

有一鬼王 名曰主命 白佛言 世尊 我本業緣 主其閻浮提人壽命 生時死時

유일귀왕 명왈주명 백불언 세존 아본업연 주기염부제인수명 생시사시

我皆主知 在我本願 甚大利益 自是衆生 不會我意 致令生死 俱不得安

아개주지 재아본원 심대이익 자시중생 불회아의 치령생사 구불득안

何以故 是閻浮提人 初生之時 不問男女 將欲生時 但作善事 增益舍宅

하이고 시염부제인 초생지시 불문남녀 장욕생시 단작선사 증익사택

自令土地 無量歡喜 擁護子母 得大安樂 利益眷屬 或已生下 愼勿殺生

자령토지 무량환희 옹호자모 득대안락 이익권속 혹이생하 신물살생

取諸鮮味 供給産母 及廣聚眷屬 飮酒食肉 歌樂絃管 能令子母 不得安樂

취제선미 공급산모 급광취권속 음주식육 가락현관 능령자모 부득안락

何以故 是産難時 有無數惡鬼 及망량精魅 欲食腥血

하이고 시산난시 유무수악귀 급망량정매 욕식성혈

是我早令舍宅土地靈祇 何護子母 使令安樂 而得利益 如是之人 見安樂故

시아조령사택토지영기 하호자모 사령안락 이득이익 여시지인 견안락고

便合設福 答諸土地 번爲殺生 聚會眷屬 以是之故 犯殃自受 子母俱損

변합설복 답제토지 번위살생 취회권속 이시지고 범앙자수 자모구손

又閻浮提臨命終人 不問善惡 我欲令是命終之人 不落惡道 何況自修善根

우염부제임명종인 불문선악 아욕령시명종지인 불락악도 하황자수선근

增我力 故 是閻浮提行善之人 臨命終時 亦有百千惡毒鬼神 或變作父母

증아력 고 시염부제행선지인 임명종시 역유백천악독귀신 혹변작부모

乃至諸眷屬 引接亡人 令落惡道 何況本造惡者 世尊 如是閻浮提

내지제권속 인접망인 영락악도 하황본조악자 세존 여시염부제

男子女人 臨命終時 神識 昏迷 不辨善惡 乃至眼耳 更無見聞 是諸眷屬

남자여인 임명종시 신식 혼미 불변선악 내지안이 갱무견문 시제권속

當須設大供養 轉讀尊經 念佛菩薩名號 如是善緣 能令亡者 離諸惡道

당수설대공양 전독존경 염불보살명호 여시선연 능령망자 이제악도

諸魔鬼神 悉皆退散 世尊 一切衆生 臨命終時 若得聞一佛名一菩薩名

제마귀신 실개퇴산 세존 일체중생 임명종시 약득문일불명일보살명

或 大乘經典 一句一偈 我觀如是輩人 除五無間殺生之罪 小小惡業

혹 대승경전 일구일게 아관여시배인 제오무간살생지죄 소소악업

合墮惡趣者 尋卽解脫 佛告主命鬼王 汝 大慈故 能發如是大願 於生死中

합타악취자 심즉해탈 불고주명귀왕 여 대자고 능발여시대원 어생사중

護諸衆生 若未來世中 有男子女人 至 生死時 汝莫退是願 總令解脫

호제중생 약미래세중 유남자여인 지 생사시 여막퇴시원 총령해탈

永得安樂 鬼王 白佛 願不有慮 我畢是形 念念擁護 閻浮衆生 生時死時

영득안락 귀왕 백불 원불유려 아필시형 염념옹호 염부중생 생시사시

俱得安樂 但願諸衆生 於生死時 信受我語 無不解脫 獲大利益 爾時

구득안락 단원제중생 어생사시 신수아어 무불해탈 획대이익 이시

佛告地藏菩薩 是大鬼王 主壽命者 已曾經百千生中 擁護衆生

불고지장보살 시대귀왕 주수명자 이증경백천생중 옹호중생

如是大士慈悲願故 現大鬼王身 實非鬼也 却後過一百七十劫 當得成佛

여시대사자비원고 현대귀왕신 실비귀야 각후과일백칠십겁 당득성불

號曰無相如來 劫名 安樂 世界名 淨住 其佛壽命 不可計劫 地藏菩薩

호왈무상여래 겁명 안락 세계명 정주 기불수명 불가계겁 지장보살

是大鬼王 其事如是 不可思議 所度天人 亦不可限量.

시대귀왕 기사여시 불가사의 소도천인 역불가한량.

稱佛名號品 第九

칭불명호품 제구

爾時 地藏菩薩摩訶薩 白佛言 世尊 我今 爲未來衆生 演 利益事

이시 지장보살마하살 백불언 세존 아금 위미래중생 연 이익사

於生死中 得 大利益 唯願世尊 聽我說之 佛告地藏菩薩 汝今 欲興慈悲

어생사중 득 대이익 유원세존 청아설지 불고지장보살 여금 욕흥자비

救拔一切罪苦 六道衆生 演不思議事 今正是時 唯當速說 吾卽涅槃

구발일체죄고 육도중생 연부사의사 금정시시 유당속설 오즉열반

使汝早畢是願 吾亦無憂現在未來一切衆生 地藏菩薩 白佛言 世尊

사여조필시원 오역무우현재미래일체중생 지장보살 백불언 세존

過去無量阿僧祇劫 有佛出世 號 無邊身如來 若有男子女人 聞是佛名

과거무량아승지겁 유불출세 호 무변신여래 약유남자여인 문시불명

暫生恭敬 卽得超越四十劫生死重罪 何況塑畫形像 供養讚歎 其人獲福

잠생공경 즉득초월사십겁생사중죄 하황소화형상 공양찬탄 기인획복

無量無邊 又於過去恒河沙劫 有佛出世 號 寶勝如來 若有男子女人

무량무변 우어과거항하사겁 유불출세 호 보승어래 약유남자여인

聞是佛名 一彈指頃 發心歸依 是人 於無上道 永不退轉 又於過去

문시불명 일탄지경 발심귀의 시인 어무상도 영불퇴전 우어과거

有佛出世 號 波頭摩勝如來 若有男子女人 聞是佛名 歷於耳根 是人

유불출세 호 파두마승여래 약유남자여인 문시불명 역어이근 시인

當得千返 生於六欲天中 何況至心稱念 又於過去不可說不可說 阿僧祇劫

당득천반 생어육욕천중 하황지심칭념 우어과거불가설불가설 아승지겁

有佛出世 號 獅子吼如來 若有男子女人 聞是佛名 一念歸依 是人

유불출세 호 사자후여래 약유남자여인 문시불명 일념귀의 시인

得遇無量諸佛 摩頂受記 又於過去 有佛出世 號 拘留孫佛 若有男子女人

득우무량제불 마정수기 우어과거 유불출세 호 구류손불 약유남자여인

聞是佛名 至心瞻禮 或復讚歎 是人 於賢劫千佛會中 爲大梵王 得授上記

문시불명 지심첨례 혹부찬탄 시인 어현겁천불회중 위대범왕 득수상기

又於過去 有佛出世 號 毗婆尸佛 若有男子女人 聞是佛名 永不墮於惡道

우어과거 유불출세 호 비바시불 약유남자여인 문시불명 영불타어악도

常生人天 受勝妙樂 又於過去無量無數恒河沙劫 有佛出世 號 多寶如來

상생인천 수승묘락 우어과거무량무수항하사겁 유불출세 호 다보여래

若有男子女人 聞是佛名 畢竟不墮惡道 常在天上 受勝妙樂 又於過去

약유남자여인 문시불명 필경불타악도 상재천상 수승묘락 우어과거

有佛出世 號 寶相如來 若有男子女人 聞是佛名 生恭敬心 是人 不久

유불출세 호 보상여래 약유남자여인 문시불명 생공경심 시인 불구

得阿羅漢果 又於過去無量阿僧祇劫 有佛出世 號 袈裟幢如來

득아라한과 우어과거무량아승지겁 유불출세 호 가사당여래

若有男子女人 聞是佛名 超一百大劫生死之罪 又於過去 有佛出世 號

약유남자여인 문시불명 초일백대겁생사지죄 우어과거 유불출세 호

大通山王如來 若有男子女人 聞是佛名 是人 得遇恒河沙佛 廣爲說法

대통산왕여래 약유남자여인 문시불명 시인 득우항하사불 광위설법

必成菩提 又於過去 有 淨月佛 山王佛 智勝佛 淨名王佛 智成就佛

필성보리 우어과거 유 정월불 산왕불 지승불 정명왕불 지성취불

無上佛 妙聲佛 滿月佛 月面佛 有如是等 不可說佛 世尊

무상불 묘성불 만월불 월면불 유여시등 불가설불 세존

現在未來一切衆生 若天若人 若男若女 但念得 一佛名號 功德 無量

현재미래일체중생 약천약인 약남약녀 단염득 일불명호 공덕 무량

何況多名 是衆生等 生時死時 自得大利 終不墮惡道 若有臨命終人

하황다명 시중생등 생시사시 자득대리 종불타악도 약유임명종인

家中眷屬 乃至一人 爲是病人 高聲 念一佛名 是 命終人 除五無間大罪

가중권속 내지일인 위시병인 고성 염일불명 시 명종인 제오무간대죄

餘業報等 悉得消滅 是五無間大罪 雖至極重 動經億劫 了不得出

여업보등 실득소멸 시오무간대죄 수지극중 동경억겁 요부득출

承斯臨命終時 他人 爲其稱念佛名 於是罪中 亦漸消滅 何況衆生

승사임명종시 타인 위기칭념불명 어시죄중 역점소멸 하황중생

自稱自念 獲福無量 滅 無量罪.

자칭자념 획복무량 멸 무량죄

校量布施功德緣品 第十

교량보시공덕연품 제십

爾時 地藏菩薩摩訶薩 承佛威神 從座而起 胡궤合掌 白佛言 世尊

이시 지장보살마하살 승불위신 종좌이기 호궤합장 백불언 세존

我觀業道衆生 校量布施 有輕有重 有一生受福 有 十生受福 有 百生

아관업도중생 교량보시 유경유중 유일생수복 유 십생수복 유 백생

千生 受大福利者 是事云何 唯願世尊 爲我說之 爾時 佛告地藏菩薩

천생 수대복리자 시사운하 유원세존 위아설지 이시 불고지장보살

吾今於 忉利天宮一切衆會 說閻浮提布施校量 功德輕重 汝當제聽

오금어 도리천궁일체중회 설염부제보시교량 공덕경중 여당제청

吾爲汝說 地藏 白佛 我疑是事 願樂欲聞 佛告地藏菩薩 南閻浮提

오위여설 지장 백불 아의시사 원요욕문 불고지장보살 남염부제

有諸國王 宰輔大臣 大長者 大刹利 大婆羅門等 若遇最下貧窮 乃至

유제국왕 재보대신 대장자 대찰리 대바라문등 약우최하빈궁 내지

癃殘喑啞聾癡無目 如是種種不完具者 是大國王等 欲布施時

융잔암아농치무목 여시종종불완구자 시대국왕등 욕보시시

若能具大慈悲 下心含笑 親手遍布 或使人施 軟言慰喻 是 國王等

약능구대자비 하심함소 친수편포 혹사인시 연언위유 시 국왕등

所獲福利 如 布施百恒河沙佛 功德之利 何以故 緣是國王等

소획복리 여 보시백항하사불 공덕지리 하이고 연시국왕등

於是最貧賤輩 及 不完具者 發大慈悲心 是故 福利有如此報 百千生中

어시최빈천배 급 불완구자 발대자비심 시고 복리유여차보 백천생중

常得七寶具足 何況衣食受用 復次地藏 若未來世 有諸國王 至婆羅門等

상득칠보구족 하황의식수용 부차지장 약미래세 유제국왕 지바라문등

遇佛塔寺 或佛形像 乃至菩薩聲聞 支等像 躬自營辦 供養布施 是國王等

우불탑사 혹불형상 내지보살성문벽지등상 궁자영판 공양보시 시국왕등

當得三劫 爲帝釋身 受勝妙樂 若能以此 布施福利 回向法界 是 大國王等

당득삼겁 위제석신 수승묘락 약능이차 보시복리 회향법계 시 대국왕등

於 十劫中 常爲大梵天王 復次地藏 若未來世 有諸國王 至 婆羅門等

어 십겁중 상위대범천왕 부차지장 약미래세 유제국왕 지 바라문등

遇 先佛塔廟 或至經像 毀壞破落 乃能發心修補 是 國王等 或自營辦

우 선불탑묘 혹지경상 훼괴파락 내능발심수보 시 국왕등 혹자영판

或勸他人 乃至百千人等 布施結緣 是國王等 百千生中 常爲轉輪王身

혹권타인 내지백천인등 보시결연 시국왕등 백천생중 상위전륜왕신

如是他人 同 布施者 百千生中 常爲 小國王身 更能於塔廟前 發回向心

여시타인 동 보시자 백천생중 상위 소국왕신 갱능어탑묘전 발회향심

如是國王 乃及諸人 盡成佛道 以此果報 無量無邊.

여시국왕 내급제인 진성불도 이차과보 무량무변.

復次地藏 未來世中 有諸國王 及 婆羅門等 見諸老病 及 生産婦女 若一念間

부차지장 미래세중 유제국왕 급 바라문등 견제노병 급 생산부녀 약 일념간

具 大慈心 布施醫藥 飮食臥具 使令安樂 如是福利 最不思議 一百劫中

구 대자심 보시의약 음식와 사령안락 여시복리 최부사의 일백겁중

常爲淨居天主 二百劫中 常爲六欲天主 畢竟成佛 永不墮惡道

상위정거천주 이백겁중 상위육욕천주 필경성불 영불타악도

乃至百千生中 耳不聞苦聲 復次地藏 若未來世中 有諸國王 及 婆羅門等

내지백천생중 이불문고성 부차지장 약미래세중 유제국왕 급 바라문등

能作如是布施 獲福無量 更能回向 不問多少 畢竟成佛 何況釋梵轉輪之報

능작여시보시 획복무량 갱능회향 불문다소 필경성불 하황석범전륜지보

是故 地藏 普勸衆生 當如是學 復次地藏 未來世中 若善男子善女人

시고 지장 보권중생 당여시학 부차지장 미래세중 약선남자선녀인

於佛法中 種少善根 毛髮沙塵許 所受福利 不可爲喻 復次地藏 未來世中

어불법중 종소선근 모발사진허 소수복리 불가위유 부차지장 미래세중

若有善男子善女人 遇佛形像 菩薩形像 벽支佛 形像 轉輪王形像

약유선남자선녀인 우불형상 보살형상 벽지불 형상 전륜왕형상

布施供養 得無量福 常在人天 受勝妙樂 若能回向法界 是人福利

보시공양 득무량복 상재인천 수승묘락 약능회향법계 시인복리

不可爲喻 復次地藏 未來世中 若有善男子善女人 遇 大乘經典

불가위유 부차지장 미래세중 약유선남자선녀인 우 대승경전

或聽聞一偈一句 發殷重心 讚歎恭敬 布施供養 是人 獲大果報 無量無邊

혹청문일게일구 발은중심 찬탄공경 보시공양 시인 획대과보 무량무변

若能回向法界 其福 不可爲喻 復次地藏 若 未來世中 有善男子善女人

약능회향법계 기복 불가위유 부차지장 약 미래세중 유선남자선녀인

遇佛塔寺 大乘經典 新者 布施供養 瞻禮讚歎 恭敬合掌 若遇故者

우불탑사 대승경전 신자 보시공양 첨례찬탄 공경합장 약우고자

或毁壞者 修補營理 或獨發心 或勸他人 同共發心 如是等輩 三十生中

혹훼괴자 수보영리 혹독발심 혹권타인 동공발심 여시등배 삼십생중

常爲諸小國王 檀越之人 常爲輪王 還以善法 敎化諸小國王.

상위제소국왕 단월지인 상위륜왕 환이선법 교화제소국왕.

復次地藏 未來世中 若有善男 善女人 於 佛法中 所種善根 或 布施供養

부차지장 미래세중 약유선남 선녀인 어 불법중 소종선근 혹 보시공양

或修補塔寺 或裝理經典 乃至一毛一塵 一沙一제 如是善事 但能回向法界

혹수보탑사 혹장리경전 내지일모일진 일사일제 여시선사 단능회향법계

是人功德 百千生中 受 上妙樂 如但回向 自家眷屬 或自身利益 如是之果

시인공덕 백천생중 수 상묘락 여단회향 자가권속 혹자신이익 여시지과

卽 三生樂 一得萬報 是故 地藏 布施因緣 其事如是.

즉 삼생락 일득만보 시고 지장 보시인연 기사여시.

地神護法品 第十一

지신호법품 제십일

爾時 堅牢地神 白佛言 世尊 我從昔來 瞻仰頂禮無量菩薩摩訶薩

이시 견뢰지신 백불언 세존 아종석래 첨앙정례무량보살마하살

皆是大不可思議 神通智慧 廣度衆生 是 地藏菩薩摩訶薩 於諸菩薩 誓願

개시대불가사의 신통지혜 광도중생 시 지장보살마하살 어제보살 서원

深重 世尊 是 地藏菩薩 於 閻浮提 有大因緣 如文殊 普賢 觀音 彌勒

심중 세존 시 지장보살 어 염부제 유대인연 여문수 보현 관음 미륵

亦化百千身形 度於六道 其願 尙有畢竟 是 地藏菩薩 敎化六道一切衆生

역화백천신형 도어육도 기원 상유필경 시 지장보살 교화육도일체중생

所發誓願劫數 如千百億恒河沙 世尊 我觀 未來及現在衆生 於所住處

소발서원겁수 여천백억항하사 세존 아관 미래급현재중생 어소주처

於南方淸潔之地 以土石竹木 作其龕室 是中 能塑畵 乃至金銀銅鐵

어남방청결지지 이토석죽목 작기감실 시중 능소화 내지금은동철

作地藏形像 燒香供養 瞻禮讚歎 是人居處 卽得十種利益 何等 爲十 一者

작지장형상 소향공양 첨례찬탄 시인거처 즉득십종이익 하등 위십 일자

土地豊穰 二者 家宅永安 三者 先亡生天 四者 現存益壽 五者 求者遂意

토지풍양 이자 가택영안 삼자 선망생천 사자 현존익수 오자 구자수의

六者 無水火災 七者 虛耗 除 八者 杜絕惡夢 九者 出入神護 十者

육자 무수화재 칠자 허모벽제 팔자 두절악몽 구자 출입신호 십자

多遇聖因 世尊 未來世中 及 現在衆生 若能於 所住處方面 作如是供養

다우성인 세존 미래세중 급 현재중생 약능어 소주처방면 작여시공양

得 如是利益 堅牢地神 復白佛言 世尊 未來世中 若有 善男子善女人

득 여시이익 견뢰지신 부백불언 세존 미래세중 약유 선남자선녀인

於所住處 見此經典 及 菩薩像 是人 更能轉讀經典 供養菩薩 我常日夜

어소주처 견차경전 급 보살상 시인 갱능전독경전 공양보살 아상일야

以 本神力 衛護是人 乃至水火盜賊 大橫小橫 一切惡事 悉皆消滅.

이 본신력 위호시인 내지수화도적 대횡소횡 일체악사 실개소멸.

佛告地神 堅牢 汝 大神力 諸神 少及 何以故 閻浮土地 悉蒙汝護

불고지신 견뢰 여 대신력 제신 소급 하이고 염부토지 실몽여호

乃至草木沙石 稻麻竹葦 穀米寶貝 從地而有 皆因汝力 又當稱揚 地藏

내지초목사석 도마죽위 곡미보패 종지이유 개인여력 우당칭양 지장

菩薩利益之事 汝之功德 及以神通 百千倍於 常分地神 若未來世中

보살이익지사 여지공덕 급이신통 백천배어 상분지신 약미래세중

有善男子善女人 供養菩薩 及轉讀是經 但依地藏本願經 一事修行者

유선남자선녀인 공양보살 급전독시경 단의지장본원경 일사수행자

汝以本神力 而擁護之 勿令一切災害 及 不如意事 輒聞於耳 何況令受

여이본신력 이옹호지 물령일체재해 급 불여의사 첩문어이 하황영수

非但汝獨護是人故 亦有釋梵眷屬 諸天眷屬 擁護是人 何故 得 如是聖賢

비단여독호시인고 역유석범권속 제천권속 옹호시인 하고 득 여시성현

擁護 皆由瞻禮地藏形像 及 轉讀是 本願經故 自然畢竟 出離苦海

옹호 개유첨례지장형상 급 전독시 본원경고 자연필경 출리고해

證涅槃樂 以是之故 得大擁護 증열반락 이시지고 득대옹호

見聞利益品 第十二

견문이익품 제십이

爾時 世尊 從 頂門上 放百千萬億 大毫相光 所謂白毫相光 大白毫相光

이시 세존 종 정문상 방백천만억 대호상광 소위백호상광 대백호상광

瑞毫相光 大瑞毫相光 玉毫相光 大玉毫相光 紫毫相光 大紫毫相光

서호상광 대서호상광 옥호상광 대옥호상광 자호상광 대자호상광

靑毫相光 大靑毫相光 碧毫相光 大碧毫相光 紅毫相光 大紅毫相光

청호상광 대청호상광 벽호상광 대벽호상광 홍호상광 대홍호상광

錄毫相光 大錄毫相光 金毫相光 大金毫相光 慶雲毫相光 大慶雲毫相光

녹호상광 대녹호상광 금호상광 대금호상광 경운호상광 대경운호상광

千輪毫光 大千輪毫光 寶輪毫光 大寶輪毫光 日輪毫光 大日輪毫光

천륜호광 대천륜호광 보륜호광 대보륜호광 일륜호광 대일륜호광

月輪毫光 大月輪毫光 宮殿毫光 大宮殿毫光 海雲毫光 大海雲毫光

월륜호광 대월륜호광 궁전호광 대궁전호광 해운호광 대해운호광

於頂門上 放如是等毫相光已 出微妙音 告諸大衆 天龍八部人非人等

어정문상 방여시등호상광이 출미묘음 고제대중 천룡팔부인비인등

聽吾今日 於　利天宮 稱揚讚歎地藏菩薩 於人天中 利益等事 不思議事

청오금일 어도리천궁 칭양찬탄지장보살 어인천중 이익등사 부사의사

超聖因事 證十地事 畢竟不退阿뇩多羅三략三菩提事 說是語時 會中

초성인사 증십지사 필경불퇴아뇩다라삼략삼보리사 설시어시 회중

有 一菩薩摩訶薩 名觀世音 從座而起 胡궤合掌 白佛言 世尊 是地藏菩薩

유 일보살마하살 명관세음 종좌이기 호궤합장 백불언 세존 시지장보살

摩訶薩 具大慈悲 憐愍 罪苦衆生 於千萬億世界 化千萬億身 所有功德

마하살 구대자비 연민 죄고중생 어천만억세계 화천만억신 소유공덕

及不思議 威神之力 我已聞世尊與十方無量諸佛 異口同音 讚歎地藏菩薩

급부사의 위신지력 아이문세존여시방무량제불 이구동음 찬탄지장보살

云何使過去現在未來 諸佛 說其功德 猶不能盡 向者 又蒙世尊 普告大衆

운하사과거현재미래 제불 설기동덕 유불능진 향자 우몽세존 보고대중

欲稱揚地藏利益等事 唯願世尊 爲現在未來一切衆生 稱揚地藏不思議事

욕칭양지장이익등사 유원세존 위현재미래일체중생 칭양지장부사의사

令天龍八部 瞻禮獲福 佛告觀世音菩薩 汝於娑婆世界 有大因緣 若天若龍

영천룡팔부 첨례획복 불고관세음보살 여어사바세계 유 대인연 약천약룡

若男若女 若神若鬼 乃至六道罪苦衆生 聞汝名者 見汝形者 戀慕汝者

약남약녀 약신약귀 내지육도죄고중생 문여명자 견여형자 연모여자

讚歎汝者 是諸衆生 悉於無上道 必不退轉 常生人天 具受妙樂 因果將熟

찬탄여자 시제중생 실어무상도 필불퇴전 상생인천 구수묘락 인과장숙

遇佛授記 汝今 具大慈悲 憐愍衆生 及 天龍八部 欲聽吾 宣說地藏菩薩

우불수기 여금 구대자비 연민중생 급 천룡팔부 욕청오 선설지장보살

不思議 利益之事 汝當제聽 吾今說之 觀世音 言 唯然世尊 願樂欲聞.

부사의 이익지사 여당제청 오금설지 관세음 언 유연세존 원요욕문.

佛告觀世音菩薩 未來現在諸世界中 有天人 受天福盡 有五衰相 現

불고관세음보살 미래현재제세계중 유천인 수천복진 유오쇠상 현

或有墮於惡道之者 如是天人 若男若女 當現相時 或見地藏菩薩形像

혹유타어악도지자 여시천인 약남약녀 당현상시 혹견지장보살형상

或聞地藏菩薩名 一瞻一禮 是諸天人 轉增天福 受大快樂 永不歷三惡道報

혹문지장보살명 일첨일례 시제천인 전증천복 수대쾌락 영불력삼악도보

何況見聞菩薩 以諸香華衣服飮食 寶貝瓔珞 布施供養 所獲功德福利

하황견문보살 이제향화의복음식 보패영낙 보시공양 소획공덕복리

無量無邊 復次觀世音 若 未來現在諸世界中 六道衆生 臨命終時

무량무변 부차관세음 약 미래현재제세계중 육도중생 임명종시

得聞地藏菩薩名 一聲 歷耳根者 是諸衆生 永不歷 三惡道苦 何況臨命

득문지장보살명 일성 역이근자 시제중생 영불력 삼악도고 하황임명

終時 父母眷屬 將是 命終人 舍宅財物 寶貝衣服 塑畫地藏形像 或使病人

종시 부모권속 장시 명종인 사택재물 보패의복 소화지장형상 혹사병인

未終之時 或眼耳見聞 知道眷屬 將舍宅寶貝等 爲其自身

미종지시 혹안이견문 지도권속 장사택보패등 위기자신

塑畫地藏菩薩形像 是人 若是業報 合受重病者 承斯功德 尋卽除愈 壽命

소화지장보살형상 시인 약시업보 합수중병자 승사공덕 심즉제유 수명

增益 是人 若是業報命盡 應有一切罪障業障 合墮惡趣者 承斯功德

증익 시인 약시업보명진 응유일체죄장업장 합타악취자 승사공덕

命終之後 卽生人天 受勝妙樂 一切罪障 悉皆消滅 復次觀世音菩薩

명종지후 즉생인천 수승묘락 일체죄장 실개소멸 부차관세음보살

若 未來世 有 男子女人 或 乳哺時 或 三歲五歲 十歲已下 亡失父母

약 미래세 유 남자여인 혹 유포시 혹 삼세오세 십세이하 망실부모

乃及亡失 兄弟姊妹 是人 年旣長大 思憶父母 及諸眷屬 不知落在何趣

내급망실 형제자매 시인 연기장대 사억부모 급제권속 부지낙재하취

生何世界 生何天中 是人 若能塑畫地藏菩薩形像 乃至聞名 一瞻一禮

생하세계 생하천중 시인 약능소화지장보살형상 내지문명 일첨일례

一日至七日 莫退初心 聞名見形 瞻禮供養 是人眷屬 假因業故 墮惡趣者

일일지칠일 막퇴초심 문명견형 첨례공양 시인권속 가인업고 타악취자

計當劫數 承斯男女兄弟姊妹塑畫地藏形像 瞻禮功德 尋卽解脫 生人天中

계당겁수 승사남녀형제자매소화지장형상 첨례공덕 심즉해탈 생인천중

受勝妙樂 是人 眷屬 如有福力 已生人天 受勝妙樂者 卽承斯功德

수승묘락 시인 권속 여유복력 이생인천 수승묘락자 즉승사공덕

轉增聖因 受 無量樂 是人 更能三七日中 一心瞻禮地藏菩薩形像

전증성인 수 무량락 시인 갱능삼칠일중 일심첨례지장보살형상

念其名字 滿於萬遍 當得菩薩 現無邊身 具告是人眷屬 生界 或於夢中

염기명자 만어만편 당득보살 현무변신 구고시인권속 생계 혹어몽중

菩薩 現 大神力 親領是人 於諸世界 見諸眷屬 更能每日 念 菩薩名千遍

보살 현 대신력 친령시인 어제세계 견제권속 갱능매일 염 보살명천편

至于千日 是人 當得菩薩 遣 所在土地鬼神 終身衛護 現時 衣食 豊溢

지우천일 시인 당득보살 견 소재토지귀신 종신위호 현시 의식 풍일

無諸疾苦 乃至橫事 不入其門 何況及身 是人 畢竟 得菩薩 摩頂授記

무제질고 내지횡사 불입기문 하황급신 시인 필경 득보살 마정수기

復次觀世音菩薩 若未來世 有 善男子善女人 欲發廣大慈心

부차관세음보살 약미래세 유 선남자선녀인 욕발광대자심

救度一切衆生者 欲修無上菩提者 欲出離三界者 是諸人等

구도일체중생자 욕수무상보리자 욕출리삼계자 시제인등

見地藏形像及 聞名者 至心歸依 或以香華衣服 寶貝飲食 供養瞻禮

견지장형상급 문명자 지심귀의 혹이향화의복 보패음식 공양첨례

是 善男女等 所願 速成 永無障애 復次觀世音 若未來世 有善男子善女人

시 선남녀등 소원 속성 영무장애 부차관세음 약미래세 유선남자선녀인

欲求 現在未來 百千萬億等願 百千萬億等事 但當 歸依瞻禮供養讚歎地藏

욕구 현재미래 백천만억등원 백천만억등사 단당 귀의첨례공양찬탄지장

菩薩形像 如是所願所求 悉皆成就 復願地藏菩薩 具 大慈悲 永擁護我

보살형상 여시소원소구 실개성취 부원지장보살 구 대자비 영옹호아

是人 於眠夢中 卽得菩薩 摩頂授記 復次觀世音菩薩 若 未來世 善男子

시인 어면몽중 즉득보살 마정수기 부차관세음보살 약 미래세 선남자

善女人 於 大乘經典 深生珍重 發 不思議心 欲讀欲誦 縱遇明師

선녀인 어 대승경전 심생진중 발 부사의심 욕독욕송 종우명사

敎示令熟 旋讀旋忘 動經年月 不能讀誦 是善男女等 有夙業障

교시영숙 선독선망 동경년월 불능독송 시선남녀등 유 숙업장

未得消除故 於大乘經典 無讀誦性 如是之人 聞地藏菩薩名 見地藏菩薩像

미득소제고 어대승경전 무독송성 여시지인 문지장보살명 견지장보살상

具以本心 恭敬陳白 更以香華衣服飮食 一切玩具 供養菩薩 以淨水一盞

구이본심 공경진백 갱이향화의복음식 일체완구 공양보살 이정수일잔

經 一日一夜 安 菩薩前然後 合掌請服 廻首向南 臨 入口時 至心鄭重

경 일일일야 안 보살전연후 합장청복 회수향남 임 입구시 지심정중

服水旣畢 愼五辛酒食 邪淫妄語 及諸殺生 一七日 或 三七日 是善男子

복수기필 신오신주식 사음망어 급제살생 일칠일 혹 삼칠일 시선남자

善女人 於睡夢中 具見地藏菩薩 現無邊身 於是人處 授灌頂水 其人 夢覺

선녀인 어수몽중 구견지장보살 현무변신 어시인처 수관정수 기인 몽각

卽獲聰明 應是經典 一歷耳根 卽當永記 更不忘失一句一偈 復次觀世音

즉획총명 응시경전 일력이근 즉당영기 갱불망실일구일게 부차관세음

菩薩 若 未來世 有諸人等 衣食 不足 求者乖願 或多疾病 或多凶衰 家宅

보살 약 미래세 유제인등 의식 부족 구자괴원 혹다질병 혹다흉쇠 가택

不安 眷屬 分散 或諸橫事 多來오身 睡夢之間 多有驚怖 如是人等 聞

불안 권속 분산 혹제횡사 다래오신 수몽지간 다유경포 여시인등 문

地藏名 見 地藏形 至心恭敬 念滿萬遍 是諸 不如意事漸漸消滅 卽得安樂

지장명 견 지장형 지심공경 염만만편 시제 불여의사점점소멸 즉득안락

衣食 豊溢 乃至睡夢中 悉皆安樂. 의식 풍일 내지수몽중 실개안락.

復次觀世音菩薩 若未來世 有善男子善女人 或因治生 或因公私 或因生死

부차관세음보살 약미래세 유선남자선녀인 혹인치생 혹인공사 혹인생사

或因急事 入山林中 過渡河海 乃及大水 或經險道 是人 先當念 地藏菩薩

혹인급사 입산림중 과도하해 내급대수 혹경험도 시인 선당념 지장보살

名萬遍 所過土地鬼神 衛護 行住坐臥 永保安樂 乃至逢於虎狼獅子

명만편 소과토지귀신 위호 행주좌와 영보안락 내지봉어호랑사자

一切毒害 不能損之 佛告觀世音菩薩 是地藏菩薩 於 閻浮提 有大因緣

일체독해 불능손지 불고관세음보살 시지장보살 어 염부제 유대인연

若說 於諸衆生 見聞利益等事 百千劫中 說不能盡 是故 觀世音 汝以神力

약설 어제중생 견문이익등사 백천겁중 설불능진 시고 관세음 여이신력

流布是經 令娑婆世界衆生 百千萬劫 永受安樂. 爾時世尊 而說偈言

유포시경 영사바세계중생 백천만겁 영수안락. 이시세존 이설게언

吾觀地藏威神力 恒河沙劫說難盡 見聞瞻禮一念間 利益人天無量事

오관지장위신력 항하사겁설난진 견문첨례일념간 이익인천무량사

若男若女若龍神 報盡應當墮惡道 至心歸依大士身 壽命轉增除罪障

약남약녀약용신 보진응당타악도 지심귀의대사신 수명전증제죄장

少失父母恩愛者 未知魂神在何趣 兄弟姉妹及諸親 生長以來皆不識

소실부모은애자 미지혼신재하취 형제자매급제친 생장이래개불식

或塑或畵大士身 悲戀瞻禮不暫捨 三七日中念其名 菩薩當現無邊體

혹소혹화대사신 비련첨례부잠사 삼칠일중염기명 보살당현무변체

示其眷屬所生界 縱墮惡趣尋出離 若能不退是初心 卽獲摩頂授聖記

시기권속소생계 종타악취심출리 약능불퇴시초심 즉획마정수성기

欲修無上菩提者 乃至出離三界苦 是人旣發大悲心 先當瞻禮大士像

욕수무상보리자 내지출리삼계고 시인기발대비심 선당첨례대사상

一切諸願速成就 永無業障能遮止 有人發心念經典 欲道群迷超彼岸

일체제원속성취 영무업장능차지 유인발심염경전 욕도군미초피안

雖立是願不思議 旋讀旋忘多廢失 斯人有業障惑故 於大乘經不能記

수립시원부사의 선독선망다폐실 사인유업장혹고 어대승경불능기

以香華衣服飮食 諸玩具供養地藏 以淨水安大士前 一日一夜求服之

이향화의복음식 제완구공양지장 이정수안대사전 일일일야구복지

發殷重心愼五辛 酒肉邪淫及妄語 三七日內勿殺生 至心思念大士名

발은중심신오신 주육사음급망어 삼칠일내물살생 지심사연대사명

卽於夢中見無邊 覺來便得利眼耳 應是經敎歷耳聞 千萬生中永不忘

즉어몽중견무변 각래변득이안이 응시경교력이문 천만생중영불망

以是大士不思議 能使斯人獲此慧 貧窮衆生及疾病 家宅凶衰離眷屬

이시대사부사의 능사사인획차혜 빈궁중생급질병 가택흉쇠이권속

睡夢之中悉不安 求者乖違無稱遂 至心瞻禮地藏像 一切惡事皆消滅

수몽지중실불안 구자괴위무칭수 지심첨례지장상 일체악사개소멸

至於夢中盡得安 衣食豊饒鬼神護 欲入山林及渡海 毒惡禽獸及惡人

지어몽중진득안 의식풍요귀신호 욕입산림급도해 독악금수급악인

惡神惡鬼並惡風 一切諸難諸苦惱 但當瞻禮及供養 地藏菩薩大士像

악신악귀병악풍 일체제난제고뇌 단당첨례급공양 지장보살대사상

如是山林大海中 應是諸惡皆消滅 觀音至心聽吾說 地藏無量不思議

여시산림대해중 응시제악개소멸 관음지심청오설 지장무량부사의

百千萬劫說不周 廣宣大士如是力 地藏名字人若聞 乃至見像瞻禮者

백천만겁설부주 광선대사여시력 지장명자인약문 내지견상첨례자

香華衣服飮食奉 供養百千受妙樂 若能以此廻法界 畢竟成佛超生死

향화의복음식봉 공양백천수묘락 약능이차회법계 필경성불초생사

是故觀音汝當知 普告恒沙諸國土. 시고관음여당지 보고항사제국토.

囑累人天品 第十三

촉루인천품 제십삼

爾時 世尊 擧 金色臂 又摩地藏菩薩摩訶薩頂 而作是言 地藏地藏

이시 세존 거 금색비 우마지장보살마하살정 이작시언 지장지장

汝之神力 不可思議 汝之慈悲 不可思議 汝之智慧 不可思議 汝之辯才

여지신력 불가사의 여지자비 불가사의 여지지혜 불가사의 여지변재

不可思議 正使十方諸佛 讚歎宣說 汝之不思議事 千萬劫中 不能得盡

불가사의 정사시방제불 찬탄선설 여지부사의사 천만겁중 불능득진

地藏地藏 記吾今日 在도利天中 於 百千萬億不可說 不可說 一切諸佛

지장지장 기오금일 재도리천중 어 백천만억불가설 불가설 일체제불

菩薩 天龍八部 大會之中 在以人天諸衆生等 未出三界 在火宅中者 付囑

보살 천룡팔부 대회지중 재이인천제중생등 미출삼계 재화택중자 부촉

於汝 無令是諸衆生 墮惡趣中 一日一夜 何況 更落五無間 及阿鼻地獄

어여 무령시제중생 타악취중 일일일야 하황 갱락오무간 급아비지옥

動經千萬億劫 無有出期 地藏 是 南閻浮提衆生 志性 無定 習惡者多

동경천만억겁 무유출기 지장 시 남염부제중생 지성 무정 습악자다

縱發善心 須臾卽退 若遇惡緣 念念增長 以是之故 吾分是形百千億 化度

종발선심 수유즉퇴 약우악연 염념증장 이시지고 오분시형백천억 화도

隨其根性 而度脫之 地藏 吾今 慇懃 以天人衆 付囑於汝 未來之世

수기근성 이도탈지 지장 오금 은근 이천인중 부촉어여 미래지세

若有天人 及善男子善女人 於佛法中 種 少善根 一毛一塵 一沙一제

약유천인 급선남자선녀인 어불법중 종 소선근 일모일진 일사일제

汝以道力 擁護是人 漸修無上 勿令 退失. 復次地藏 未來世中 若天若人

여이도력 옹호시인 점수무상 물령 퇴실. 부차지장 미래세중 약천약인

隨業報應 落在惡趣 臨墮趣中 或至門首 是諸衆生 若能 念得一佛名

수업보응 낙재악취 임타취중 혹지문수 시제중생 약능 염득일불명

一菩薩名 一句一偈 大乘經典 是諸衆生 汝以神力 方便救拔 於是人所

일보살명 일구일게 대승경전 시제중생 여이신력 방편구발 어시인소

現 無邊身 爲碎地獄 遣令生天 受勝妙樂. 爾時世尊 而說偈言

현 무변신 위쇄지옥 견령생천 수승묘락. 이시세존 이설게언

現在未來天人衆 吾今慇懃付囑汝 以大神通方便度 勿令墮在諸惡趣

현재미래천인중 오금은근부촉여 이대신통방편도 물령타재제악취

爾時 地藏菩薩摩訶薩 胡 合掌 白佛言 世尊 唯願世尊 不以爲慮

이시 지장보살마하살 호궤합장 백불언 세존 유원세존 불이위려

未來世中 若有善男子善女人 於佛法中 一念恭敬 我亦百千方便 度脫是人

미래세중 약유선남자선녀인 어불법중 일념공경 아역백천방편 도탈시인

於生死中 速得解脫 河況聞諸善事 念念修行 自然於無上道 永不退轉.

어생사중 속득해탈 하황문제선사 염념수행 자연어무상도 영불퇴전.

說是語時 會中 有 一菩薩 名 虛空藏 白佛言 世尊 我自至 利 聞於如來

설시어시 회중 유 일보살 명 허공장 백불언 세존 아자지도리 문어여래

讚歎地藏菩薩威神勢力 不可思議 未來世中 若有善男子 善女人

찬탄지장보살위신세력 불가사의 미래세중 약유선남자 선녀인

乃及一切天龍 聞此經典 及地藏名字 或 瞻禮形像 得幾種福利 唯願世尊

내급일체천룡 문차경전 급지장명자 혹 첨례형상 득기종복리 유원세존

爲未來現在一切衆等 略而說之. 佛告虛空藏菩薩 제聽제聽 吾當爲汝

위미래현재일체중등 약이설지. 불고허공장보살 제청제청 오당위여

分別說之 若未來世 有 善男子善女人 見 地藏形像 及聞此經 乃至讀誦

분별설지 약미래세 유 선남자선녀인 견 지장형상 급문차경 내지독송

香華飮食 衣服珍寶 布施供養 讚歎瞻禮 得 二十八種利益 一者 天龍護念

향화음식 의복진보 보시공양 찬탄첨례 득 이십팔종이익 일자 천룡호념

二者 善果日增 三者 集聖上因 四者 菩提不退 五者 衣食豐足 六者

이자 선과일증 삼자 집성상인 사자 보리불퇴 오자 의식풍족 육자

疾疫不臨 七者 離水火災 八者 無盜賊厄 九者 人見欽敬 十者 鬼神助持

질역불임 칠자 이수화재 팔자 무도적액 구자 인견흠경 십자 귀신조지

十一者 女轉男身 十二者 爲 王臣女 十三者 端正相好 十四者 多生天上

십일자 여전남신 십이자 위 왕신녀 십삼자 단정상호 십사자 다생천상

十五者 或爲帝王 十六者 宿智命通 十七者 有求皆從 十八者 眷屬歡樂

십오자 혹위제왕 십육자 숙지명통 십칠자 유구개종 십팔자 권속환락

十九者 諸橫消滅 二十者 業道永除 二十一者 去處盡通 二十二者

십구자 제횡소멸 이십자 업도영제 이십일자 거처진통 이십이자

夜夢安樂 二十三者 先亡離苦 二十四者 宿福受生 二十五者 諸聖讚歎

야몽안락 이십삼자 선망이고 이십사자 숙복수생 이십오자 제성찬탄

二十六者 聰明利根 二十七者 饒 慈愍心 二十八者 畢竟成佛. 復次虛空藏

이십육자 총명이근 이십칠자 요 자민심 이십팔자 필경성불 부차허공장

菩薩 若 現在未來 天龍鬼神 聞 地藏菩薩名號 禮地藏菩薩形像 或聞地藏

보살 약 현재미래 천룡귀신 문 지장보살명호 예지장보살형상 혹문지장

菩薩 本願等事 修行讚歎瞻禮 得七種利益 一者 速超聖地 二者 惡業消滅

보살 본원등사 수행찬탄첨례 득칠종이익 일자 속초성지 이자 악업소멸

三者 諸佛護臨 四者 菩提不退 五者 增長本力 六者 宿命皆通 七者

삼자 제불호림 사자 보리불퇴 오자 증장본력 육자 숙명개통 칠자

畢竟成佛. 爾時 十方一切諸如來 不可說不可說一切諸佛 及大菩薩

필경성불.

이시 시방일체제여래 불가설불가설일체제불 급대보살

天龍八部 聞 釋迦牟尼佛 稱揚讚歎地藏菩薩大威神力 不可思議 歎

천룡팔부 문 석가모니불 칭양찬탄지장보살대위신력 불가사의 탄

未曾有 是時忉利天 雨 無量香華 天衣珠纓 供養釋迦牟尼佛 及

미증유 시시도리천 우 무량향화 천의주영 공양석가모니불 급

地藏菩薩已 一切衆會 俱復瞻禮 合掌而退.

지장보살이 일체중회 구부첨례 합장이퇴.

㉮ 다음은 ‘돌굴경’을 합니다.

돌굴경은 조상님들이 기뻐하시고 선신이 기뻐하시는 경문입니다.

‘돌굴경’은 다음과 같습니다.

만이독송 돌굴경 돌굴독송 돌굴경

범음삼매 사바하 아림삼매 돌굴경

조왕팔만 돌굴경 섭체토공 돌굴경

천룡야차 돌굴경 석중사위 돌굴경

소룡삼매 돌굴경 이라마족 돌굴경

해중대비 돌굴경 천황대비 돌굴경

돌굴돌굴 돌굴경 홀지홀지 구내리

자제 사바하

자제 사바하

자제 사바하

㉯ 다음은 자기 소원을 기원합니다.

자기 소원을 할 때에는 과욕하지 말고 현실에 맞는 것을 합니다.

『○○○씨 ○○○파 ○○○가 조상대대 친족 연족 일체지영이시여!

그리고 고조 할아버님, 할머님, 증조 할아버님, 할머님, 아버님, 어

머님! 오늘 조상공양을 정성껏 올리오니 그 동안 불효를 용서하옵시고

라고 말하며, 자기 소원을 간단하게 말한다. 이 때는 착한 마음으로 남을 해치지 않을 정도로서 해야 합니다. 그리고 입으로 말하며 소원을 한가지 부탁드립니다. 과분한 부탁으로 조상님께 부담을 드려서는 안됩니다. 그리고 착하고 성실하게 살겠다고 약속드리며 그칩니다.

이상을 소리내어 낭독해야 합니다. 소리를 내어 말해야만 우주의 영계에서 그 파장을 타고 즉시 조상령이 오시기 때문에 반드시 소리내어 말해야 한다는 것을 명심해야 합니다.

그리고 나쁜 소원이나 나쁜 짓을 하면 우주의 영계에 계신 조상님들이 고통을 받게 됩니다. 자손들이 남을 용서하고 남을 도우며 적선을 하고 보시공덕을 쌓아 선하게 살면 영계에서 조상님들이 편안하고 자손들도 소원이 성취되는 법입니다.

이것으로 공양은 끝나게 됩니다.

⊗ 공양이 끝나면, 위패를 조상공양 제단에 그대로 잘 보관해 두어야 합니다. 위패를 책상 서랍에 넣거나 책 갈피 속에 넣어 두면 자손들의 일이 답답하고 일이 잘 풀리지 않습니다.

왜냐하면 위패는 비록 종이나 나무로 만들었지만 조상님의 마음(영혼, 혼령, 심령)이 깃들어 있는 영체영체이기 때문에 움직이지 정중한 정중한 자리에 계셔야 자손들을 도울 수 있기 때문입니다. 움직이지 않아도 마음이기 때문에 세상 어디든 갈 수 있는 것입니다.

이러한 절차가 번거로우시더라도 마음 굳게 먹고 진실한 마음으로 행한다면 반드시 소원성취 이루시리라 생가하는 바입니다.

소원성취를 위한 조상 공양법과 조상 영가천도법

여기서는 자기 자신의 소원성취를 위하여 하는 조상 공양법과 조상 영가천도법을 말합니다.

1) 먼저 알아 둘 점

① 인간의 운명은 인과법에 따라 형성되며 결정됩니다.

다시 말하자면 나쁜 인연을 맺으면 나쁜 운명이 나타나고, 좋은 인연을 맺으면 좋은 운명의 길이 열리게 됩니다. 옛날에는 많은 시간이 걸려서 인과법이 나타났으나 현세에서는 그 인과법이 즉시 나타납니다. 숙명과 운명도 한 순간의 삶의 인연에 의해 연결되어 집니다.

가장 큰 인연은 자기의 몸을 주신 조상과의 관계입니다. 우주의 영계에 계신 조상님들께서 남겨주신 인연이 바로 이 세상에 살고있는 자손인 우리들입니다. 따라서 우주의 영계에서의 조상영가의 인연작용에 의하여 자손들의 운명의 길흉이 바뀌어지는 것입니다.

인간은 영계의 인연의 힘에 의해 행복과 불행의 결과로 나타나게 되는 법입니다. 자기와 가장 큰 인연을 맺고 있는 조상령(인연령)은 자기의 직속 상관이 되기 때문에 조상공양과 조상천도를 하지 않으면 결코 소원이 성취될 수 없다는 것입니다.

옛말에, '조상이 돕지 않으면 되는 일이 없다.' 라는 말이 있듯이 자손들과 핏줄의 인연을 가진 조상을 공양하지 않으면 조상령들도 자손을 도울 수 없는 인연의 상태가 되는 것입니다.

그러므로 이번 기회에 조상님들을 공양하고 천도하여 부처님의 가피를 받게 하시는 인연을 맺으면 천도된 조상님들께서 무척 기뻐하실 것이고, 여러분의 소원성취를 위하여 불보살님들과 함께 여러분을 도울 것입니다.

② 착한 마음을 가지고 몸을 청결하게 하여야 하겠습니다.

자손들과 인연을 맺은 조상님들은 제각(조상을 모셔 놓은 사당), 조상공양 제단(집안에 조상령을 모셔놓은 제단, 예전의 신주 단지 등), 산소에 항상 깃들어 계십니다. 특히 명절(설날, 추석, 한식일 등)날에는 우주의 영계에서 휴가를 얻어 반드시 오시기 때문에 조상공양과 천도에 절호의 기회가 되는 것입니다.

따라서 이러한 명절날에는 부부관계를 금하고 목욕제계를 하는 정성이 필요합니다. 명절에 놀러가는 셈치고 조상공양을 하든지 정성없이 할 경우 훈벌이 내린다는 것을 명심해야 합니다.

③ 신주(神主. 조상공양 제단에 모시는 위패)를 잘 모셔야 합니다.

신주가 되는 위패는 조상님들과 교통교신하기 위한 안테나 역할을 하는 것입니다. 신주를 만들기 전에는 하나의 물질(나무나 종이 등의 위패)에 불과하지만, 초령(불러들인 조상령)한 후에는 영혼이 깃들어 있는 영체이기 때문에 소중히 모셔야 합니다. 종이에 쓴 신주는 사용후 정결한 불에 깨끗이 태우고, 나무에 쓴 위패는 조상공양 제단에 정중히 모셔야 하겠습니다.

조상공양 제단 설치와 관리

집에 조상공양 제단을 설치하여 조상님들을 살아계신 조상님 모시듯이 섬겨야 합니다. 집안에 어른이 계시듯이 해야 합니다. 그렇다고 해서 매 끼니마다 상을 차려 올릴 수 없기 때문에 다음과 같이 하면 됩니다.

- 초하루와 보름에는 간단한 음식을 차려 오리고 제사 지내듯이 참례를 올립니다.
- 집안에 애경사 등 특별한 일이 생기면 고합니다.
- 명절에는 계절음식을 올려 차례를 지냅니다.
- 새로운 음식이 생기면 반드시 조상공양 제단에 먼저 올린 후 자손이 먹습니다.
- 아침과 저녁에는 반드시 절을 하고 뵙습니다.
- 집을 나가고 들어왔을 때에는 반드시 인사를 올립니다.

이렇게 하면 숭조효친 사상이 가정에 정착되며,
우주 영계의 불보살님과 조상님들이 당신을 도울 것입니다.

민간신앙의 토속적인 조상신(신주, 신주단지) 모시기

우리네 전통적인 사후死後 세계관은 사람이 죽게 되면 그의 영혼(마음)이 바로 저승인 천국이나 지옥으로 가버리는 것이 아니라, 생전에 함께 했던 가족들 주위에서 함께 생활하다가 세월이 흘러 서서히 살아있는 가족들의 기억 속에서 사라지게 되는 시점이 이승과 이별하는 분기점이라고 합니다.

그러한 죽은 사람의 영혼이 가족과 함께하는 하나의 예가 조상 단지인
데, 죽은 사람의 육체는 이미 묘에 묻혀버렸기 때문에 영혼만 남아 있는
상태를 살아있는 사람과 함께 생활하기 위해서 가짜 육체를 만들어 두는
것이 바로 조상단지 입니다. 이를 조상신을 모신 몸체라 하여 보통 '신체
神體'라고 합니다.

이 신체는 세존 단지, 조상 당세기, 신주 단지 등으로 불리는데, 이러한
조상신을 섬기는 형태는 일반 유교식 조상 숭배와는 다르다고 하겠습니다.

조상신을 모시고 받드는 일은 부녀자를 중심으로 행해지는 것으로 조상
님의 위패 대신 당세기나 단지 등의 신체를 모시고 무속적으로 행하는 것
이 보통입니다. 조상 신앙에서는 신격이 조상인 것은 마찬가지이나 신체
가 있는 지방과, 신체가 없으면서 다른 가신家神의 신체와 동일시 하는 지
방으로 나누어 볼 수 있습니다.

신체가 있는 곳에서는 세존 단지, 조상 당세기, 조상 단지라 하여 보리
나 벼를 담은 단지로 신체를 만들어 놓고 일정 시기가 되면 용기의 곡식을
갈아 주고 음식을 차려 의례를 행하는 것입니다.

신체가 없는 곳에서는 삼신 단지라는 산육産育과 관계있는 신체에 조상
의 영혼이 있다고 믿고 삼신 신앙 의례 때와 같이 의례를 행합니다. 즉 조
상신을 위한 별개의 신체는 없지만 삼신 단지를 조상 단지라고 믿는 것입
니다.

조상 신체는 단지로 만들어진 경우는 단지에 곡식을 넣고 문종이로 봉하
여 왼새끼줄로 묶고 그 위에 널빤지를 덮어 놓습니다. 집안에서 별미를 장
만하면 그 음식을 먹기 전에 먼저 널빤지 위에 음식을 얹어 조상신에게 먼저
맛을 보게 합니다. 그리고 외출 시에는 신체에 인사를 올리고, 돌아 오면 역
시 인사를 올립니다. 땅을 사고 팔 때나, 혼사가 있을 때나, 집안의 대소사

등이 있을 때는 제일 먼저 신체에 고하고 난 후 일에 임하여야 합니다.

조산 신체가 당세기(버들가지를 얇게 저민 것이나 대나무 껍질 혹은 칡넝쿨 같은 것으로 엮은 소쿠리를 지칭하는 경상도 사투리.)일 경우는 당세기에 조상님이 살아생전에 입었던 옷가지를 넣어 두며, 이 당세기는 보통 안방 시렁의 구석이나 선반을 만들어 그 위에 얹어 둡니다.

그리고 일정 기간이 지나면 가문에 설치 되어 있는 사당祠堂에 신체를 모셔둡니다. 사당에 모셔진 신체에도 역시 음식이나 사람의 출입, 문서관리 등등을 고하여 조상신의 노여움을 피하고 조상신이 일러주는 지혜를 받들어 모든 일을 처리 합니다.

신체가 모셔진 사당에서 일정한 기간이 지나면 조상님의 기일忌日에 조상신을 불러 제사를 지내고, 명절에는 다례茶禮를 바치고 성묘도 합니다. 이러한 조상신 섬기기는 대를 이어 계속된다고 합니다.

이러한 신체 모심은 일제치하를 겪으면서 거의 소멸되었고, 절차가 복잡하고 번거로와 지금에는 행하지 않는 가정이 대부분이나 우리의 전통적인 조상공양의 사례이므로 신심信心을 가지고 행해 보는 것도 조상님과의 정신적 교통에 도움이 되지 않겠나 하는 생각을 해봅니다.

다음에 할 일은 소원성취를 위하여 준비할 것들에 대하여 말씀드리겠습니다.

2) 준비할 것

① 추석에 사용할 위패를 준비하여야 하겠습니다.

깨끗한 나무(밤나무나 향나무)로 만든 위패가 없으면 깨끗한 종이로 만든 지방紙榜을 준비하는 것이 좋습니다. 가급적이면 한지韓紙(속칭 문종이)를 준비하시는 것이 좋습니다.

윗 모서리만
둥글게 오립니다.

○○○氏○○派○○○家祖上代代親族緣族一切之靈位

작성된 위패

② 신주인 지방을 만들때에는 흰색종이(한지)를 폭 8cm, 길이 24cm의 직사각형으로 오립니다. 위쪽은 하늘을 상징하여 둥글게 오리고 아래는 땅을 상징하여 직선으로 평평하게 오리면 됩니다.

③ 신주를 쓰는 방법은 먹물로 쓰는 것이 좋으며, 『○○○氏 ○○派 ○○○家 祖上代代親族緣族一切之靈位』라고 세로로 씁니다.

④ 종이에 쓴 지방은 세우기가 어렵기 때문에 위패 나무나 두꺼운 종이에 붙여서 세우면 됩니다.

⑤ 조상공양의 제물을 살 때 가정 형편대로 구입할 것이며, 분수에 넘어서는 안됩니다. 그리고 제수를 살 때 값을 깍거나 흥정을 하거나 시비를 하지 말아야 합니다. 장만한 음식재료는 정성을 다하여 요리를 해야 합니다. 정성이 없으면 조상님이 오시지 않으니 아무 소용이 없습니다. 흔히 재수를 보지 못하였을 경우, '정성이 부족하구나'라는 말을 하는 이유가 여기 있는 것입니다. 다음의 것을 준비합니다.

쌀밥 : 한 그릇

삼색과일 : 사과, 배, 감 혹은 감, 대추, 배 혹은 대추, 사과, 배 3 개씩 중에서 택일 합니다.

삼색나물 : 시금치, 도라지, 고사리 나물 한 접시씩

육고기 : 쇠고기 덩어리 한근 정도 혹은 돼지고기 덩어리 한근 정도의 살코

기, 마른 오징어 한 마리나 큰 북어 한 마리를 올려도 무방합니다.

아무튼 이 제물은 형편껏 정성스럽게 올립니다.

※ 음식을 요리할 때 주의할 것은, 고춧가루와 마늘을 넣지 않고 요리하는 것입니다.

제단에는 꽁치, 삼치, 갈치 등 '치'자가 들어가는 생선은 올리지 않습니다.

과일 중에서 복숭아는 올리지 않습니다.

⑥ 다음 우주의 영계에 계신 조상님을 초대하여야 합니다.

정성드려 만든 음식을 중앙에 차려 놓고 제단 중앙 끝에 신주(위패)를 모셔 놓습니다.

제단 양 쪽에 촛불을 밝히고 향을 피우며 청수(깨끗한 물)나 술을 올리고 난 후, 제단 앞에 서서 양손바닥으로 3번 소리나게 마주칩니다.

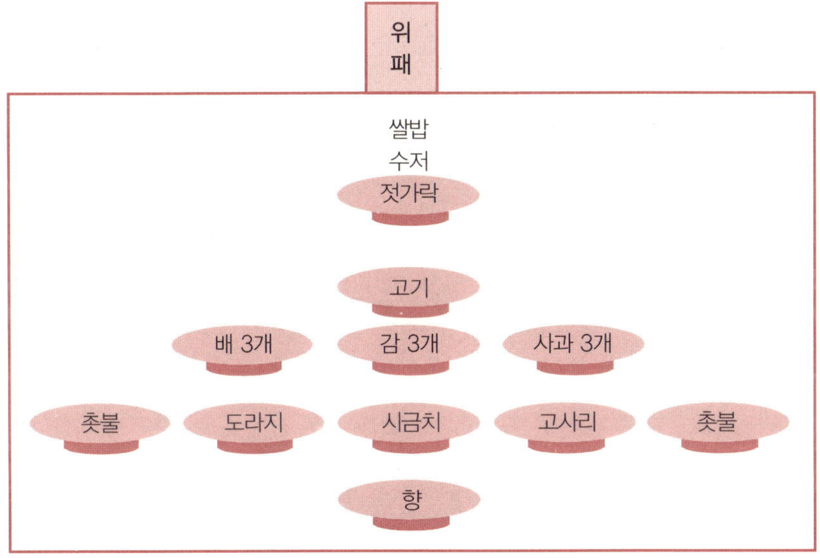

완성된 제단 상차림의 배치도

⑦ 다음 합장한 양손 끝을 신주를 향하게 하고 정신을 집중하여,

『영계에 계시는 ○○○성씨 ○○가문의 ○○○(자신의 이름)의 친족 연족 일체의 영이시여』

『영계에 계시는 ○○○성씨 ○○가문의 ○○○(자신의 이름)의 친족 연족 일체의 영이시여』

『영계에 계시는 ○○○성씨 ○○가문의 ○○○(자신의 이름)의 친족 연족 일체의 영이시여』

라고 세 번 부릅니다.

⑧ 다음 큰 절을 한 번 한 뒤, '조상공양문'을 읽습니다.

조상 공양문

○○○성씨 ○○가문의 ○○○(자신의 이름)의 친족 연족 일체의 영이시여!

오늘 조상님들의 높고 깊으신 은혜에 진심으로 감사하는 마음으로 삼가 정성껏 마련한 음식과 진리공양을 올리오니 그 동안의 불효를 용서하옵시고, 부디 감응하시어서 흠향하시옵고 자손들의 번영을 위해 영계에서 조상님들께옵서.

돌봐주시기 바라옵니다.

오늘부터 ○일간 매일 아침 ○시(또는 저녁 ○시)에 음식공양과 진리공양을정성껏 올리겠아오니 부디 하강하시어서 흠향하시고 깨달음을 얻으시어 극락왕생 하시옵고, 저의 간절한 소원을 들어 주시기 바라옵니다.

(조상공양기일은 7일, 21일, 49일, 100일간을 정하여 공양하는 것이 가장

⑨ 다음 '진리 공양문'을 읽습니다.

진리 공양문

지장보살 멸 정업진언

옴 프라 마리 다니 사바하

광명진언

옴 아모가 바이로 차나 마하 무드라

마니 파드마 즈바라 프라바를 타야 훔

나무 대원 본존 지장보살 마하 살
나무 대원 본존 지장보살 마하 살
나무 대원 본존 지장보살 마하 살

(우선 깨끗한 모래를 한 그릇 준비하여 물로 깨끗이 씻어낸 다음, 잘 건조시켜 그릇에 담아 피어오르는 향로 앞에 놓고 이 진언을 외우고 공양기일이 끝나면 추석성묘 길에 가지고 가서 산소 앞에서 다시 이 진언을 108번 외우고 난 후에 산소위에 골고루 뿌려주면 십악오역의 모든 죄를 많이 지어 그 죄가 온 세계에 가득차서 죽은 후에 지옥에 떨어졌더라도 그 사람의 죄가 다 소멸되어 곧

⑩ 다음 '조상 천도 발원문'을 3번 읽습니다.

조상 천도 발원문

전 시방 삼세의 삼계 사생 육도 유정무정 일체실상 우주법계는 오로지
부처님의 초고 최상하신 무상 대원력대로만 즉시 일시에 완전무결이
종초지말 무장무대환희 원만 대성취 되어지이다.

전 시방 삼세의 삼계 사생 육도 유정무정 일체실상 우주법계는 오로지
부처님의 초고 최상하신 무상 대원력대로만 즉시 일시에 완전무결이
종초지말 무장무대환희 원만 대성취 되어지이다.

전 시방 삼세의 삼계 사생 육도 유정무정 일체실상 우주법계는 오로지
부처님의 초고 최상하신 무상 대원력대로만 즉시 일시에 완전무결이
종초지말 무장무대환희 원만 대성취 되어지이다.

(억억만겁 시간이 지날 때에만 가히 이 경을 얻어 들을 수 있는 것이니, 일체
의 의심을 품지말고 일심, 진심, 선심으로 이 발원문을 독송하면 조상 및 인
연있는 *영가들이 이 진리의 공덕으로 영가천도는 물론, 부처님의 가피력을
받아 소원성취하게 되는 발원문입니다.)

복 받는 조상공양

⑪ 다음 '소원성취 발원문'을 읽습니다.

소원성취 발원문

○○○성씨 ○○○가문의 ○○○(자신의 이름)의 친족 연족 일체의
영이시여!

앞에서 진리공양을 올린 공덕을 조상님들에게 회향하오니 부디 극락왕
생하시옵고, 저의 소원을 들어 주시기 바라나이다.
저는 지금 어려운 처지에 있습니다.
저의 힘으로는 도저히 해결할 방법이 없습니다.
조상님들께옵서 저의 소원 ○○○을 꼭 이루워 주시기를 바라나이다.
감사합니다.

(자시소원을 한 가지로 정하고 처음부터 공양이 끝나는 날까지 반복해야만 합
니다. 그렇게 일심, 진심, 선심으로 하면 꿈에 조상님이 나타나기도 하고, 소
리도 들리게 되며, 뜻하지 않은 귀인이 나타나서 소원이 성취되는 것입니다.
단, 정성이 부족하면 시일이 오래 걸립니다. 정성껏 공양해야 합니다.)

이것으로 소원성취를 위한 조상 공양법과 조상영가 천도법을 마칩니다.

*영가(靈駕) : 라 함은 불교에서는 죽은 이의 영혼을 말합니다. 죽은이의 영혼을 안치
하여 제사를 올리는 곳을 영당(靈壇)이라고 합니다. 이 영단은 어느 절이든 대체로 부
처님을 모신 법당을 바라보 본 곳에서 법당 안 좌측에 설치하는데, 그 이유는 법당
안에서 아침 저녁으로 늘 염불소리를 듣고 속히 깨달아 극락세계에 왕생하라는 뜻을
담고 있다할 것입니다. - 윤창화

참고사항

간절한 소망이 있을 때에는 조상공양 제단 중앙상단에 **본존**(나무대원본존 지장보살 마하살 南無大願本尊 地藏菩薩摩訶薩)을 붓글씨로 써서 붙이거나 지장보살의 형상을 걸어놓고 향을 피우고 음식을 공양하고 '나무대원본존 지장보살 마하살'을 108번 독송하고난후,

『나무대원본존 지장보살 마하살이시여!

저의 조상님들을 극락왕생토록 도와주십시오』

라고 공양한 후에 조상공양법 순서대로 공양하면 반드시 뜻을 이룰 수가 있습니다. (조상공양하기 전에 본존에게 먼저 공양하고 조상공양을 하면 더욱 효과적입니다.)

南無大願本尊地藏菩薩摩訶薩

위패

제　　　　단

│본존의 위치도

헛갈리지 않게 '나무대원본존 지장보살 마하살'을 108번 써놓으니 한 구절씩 체크하면서 독송하시기 바랍니다.

○ '나무대원본존 지장보살 마하살' '나무대원본존 지장보살 마하살'
'나무대원본존 지장보살 마하살'

○ '나무대원본존 지장보살 마하살' '나무대원본존 지장보살 마하살'
'나무대원본존 지장보살 마하살'

○ '나무대원본존 지장보살 마하살' '나무대원본존 지장보살 마하살'
'나무대원본존 지장보살 마하살'

○ '나무대원본존 지장보살 마하살' '나무대원본존 지장보살 마하살'
'나무대원본존 지장보살 마하살'

○ '나무대원본존 지장보살 마하살' '나무대원본존 지장보살 마하살'
'나무대원본존 지장보살 마하살'

○ '나무대원본존 지장보살 마하살' '나무대원본존 지장보살 마하살'
'나무대원본존 지장보살 마하살'

○ '나무대원본존 지장보살 마하살' '나무대원본존 지장보살 마하살'
'나무대원본존 지장보살 마하살'

○ '나무대원본존 지장보살 마하살' '나무대원본존 지장보살 마하살'
'나무대원본존 지장보살 마하살'

○ '나무대원본존 지장보살 마하살' '나무대원본존 지장보살 마하살'
'나무대원본존 지장보살 마하살'

○ '나무대원본존 지장보살 마하살' '나무대원본존 지장보살 마하살'
'나무대원본존 지장보살 마하살'

○ '나무대원본존 지장보살 마하살' '나무대원본존 지장보살 마하살'
'나무대원본존 지장보살 마하살'

○ 나무대원본존 지장보살 마하살　나무대원본존 지장보살 마하살
나무대원본존 지장보살 마하살

○ 나무대원본존 지장보살 마하살　나무대원본존 지장보살 마하살
나무대원본존 지장보살 마하살

○ 나무대원본존 지장보살 마하살　나무대원본존 지장보살 마하살
나무대원본존 지장보살 마하살

○ 나무대원본존 지장보살 마하살　나무대원본존 지장보살 마하살
나무대원본존 지장보살 마하살

○ 나무대원본존 지장보살 마하살　나무대원본존 지장보살 마하살
나무대원본존 지장보살 마하살

○ 나무대원본존 지장보살 마하살　나무대원본존 지장보살 마하살
나무대원본존 지장보살 마하살

○ 나무대원본존 지장보살 마하살　나무대원본존 지장보살 마하살
나무대원본존 지장보살 마하살

○ 나무대원본존 지장보살 마하살　나무대원본존 지장보살 마하살
나무대원본존 지장보살 마하살

○ 나무대원본존 지장보살 마하살　나무대원본존 지장보살 마하살
나무대원본존 지장보살 마하살

○ 나무대원본존 지장보살 마하살　나무대원본존 지장보살 마하살
나무대원본존 지장보살 마하살

○ 나무대원본존 지장보살 마하살　나무대원본존 지장보살 마하살
나무대원본존 지장보살 마하살

○ 나무대원본존 지장보살 마하살　나무대원본존 지장보살 마하살
나무대원본존 지장보살 마하살

○ 나무대원본존 지장보살 마하살　나무대원본존 지장보살 마하살

'나무대원본존 지장보살 마하살'

○ 나무대원본존 지장보살 마하살'　　나무대원본존 지장보살 마하살'
'나무대원본존 지장보살 마하살'

○ 나무대원본존 지장보살 마하살'　　나무대원본존 지장보살 마하살'
'나무대원본존 지장보살 마하살'

○ 나무대원본존 지장보살 마하살'　　나무대원본존 지장보살 마하살'
'나무대원본존 지장보살 마하살'

○ 나무대원본존 지장보살 마하살'　　나무대원본존 지장보살 마하살'
'나무대원본존 지장보살 마하살'

○ 나무대원본존 지장보살 마하살'　　나무대원본존 지장보살 마하살'
'나무대원본존 지장보살 마하살'

○ 나무대원본존 지장보살 마하살'　　나무대원본존 지장보살 마하살'
'나무대원본존 지장보살 마하살'

○ 나무대원본존 지장보살 마하살'　　나무대원본존 지장보살 마하살'
'나무대원본존 지장보살 마하살'

○ 나무대원본존 지장보살 마하살'　　나무대원본존 지장보살 마하살'
'나무대원본존 지장보살 마하살'

○ 나무대원본존 지장보살 마하살'　　나무대원본존 지장보살 마하살'
'나무대원본존 지장보살 마하살'

○ 나무대원본존 지장보살 마하살'　　나무대원본존 지장보살 마하살'
'나무대원본존 지장보살 마하살'

지장보살님에게 공양보시하면 다음과 같은 효과가 있습니다.

부처님의 설법 내용중에서 발췌합니다. 다음과 같습니다.

'견뢰지신'이 부처님게 아뢰었습니다.

'세존이시여! 현재나 미래의 중생들이 자기가 살고 있는 곳에 지장보살의 탱화나 형상을 만들어 모시고 향을 피워 공양을 하면 열가지 이익을 얻을 것입니다. 그 열가지는,

1) 구하는 것이 뜻대로 될 것이요.

2) 출입할 때 모든 선신이 보호하여 불행한 일이 없을 것이요.

3) 현재도 살아 있는 사람있는 사람은 수명이 길 것이요.

4) 죽은 자는 하늘에 태어날 것이요.

5) 수재와 화재 등의 재해가 없을 것이요.

6) 가운이 일어날 것이요.

7) 집안이 편안할 것이요.

8) 헛수가 없을 것이요.

9) 꿈에 악몽이 없을 것이요.

10) 귀인을 만나 좋은 인연을 맺을 것입니다.

하며, '세존이시여! 누구든지 지장보살의 형상을 보고 공양하면 제가 신통력으로 그 사람을 밤낮으로 호위하여 크고 작은 횡액과 온갖 나쁜 일이 없도록 하겠나이다.'라고 하셨습니다.

또 '허공장보살님'이 부처님께 물었습니다.

'세존이시여! 지장보살의 이름을 부르거나 듣거나 공경하면 몇가지 복을 얻게 되나이까?' 하니,

부처님께서 답하시기를,

'자세히 들어라. 지장보살의 형상을 보고 보시공양하면 28종의 공덕

을 얻게 되느니라.' 하셨습니다.

그 28종의 공덕은 다음과 같습니다.

1) 모든 성현들이 찬탄할 것이며,

2) 모든 권속들이 기뻐할 것이며,

3) 하늘과 용이 지켜줄 것이며,

4) 귀신이 돕고 지켜줄 것이요,

5) 성현의 높은 인연을 얻을 것이요,

6) 좋은 인과가 날로 증가할 것이요,

7) 구하는 것은 모두 얻을 것이며,

8) 가는 곳마다 다 통할 것이요,

9) 먹고 입는 것이 풍족할 것이요,

10) 사람들이 공경할 것이요,

11) 숙명의 지혜를 통할 것이요,

12) 죽은 조상들이 고통에서 벗어날 것이요,

13) 천산에 태어날 것이요,

14) 업도를 영원히 제거할 것이요,

15) 모든 횡액이 소멸할 것이요,

16) 밤에 꿈이 편안할 것이요,

17) 총명해지고 끈기가 예리할 것이요,

18) 얼굴과 몸이 귀하게 될 것이요,

19) 질병이 침범하지 않을 것이요,

20) 물과 불의 재난을 면할 것이요,

21) 도적의 액난이 없을 것이요,

22) 여자는 남자의 몸으로 바꿀 수 있으며,

23) 여자는 임금이나 대신의 딸이 되며,

24) 복을 받아서 태어날 것이요,

25) 혹 제왕이 될 것이요,

26) 사랑하고 불쌍히 여기는 자비가 생길 것이며,

27) 보리심이 퇴진하지 않을 것이며,

28) 결국에는 부처를 이룰 것이니라.

라고 하셨습니다. 그러므로 지장보살을 조상공양 제단의 본존으로 모시면서 조상공양을 하게 되면 더욱 효과적이라 하겠습니다.

나무 대원본존 지장보살 마하살
부처님 말씀을 옮겨 쓴 도담 합장

조상극락 천도법

　조상 영가천도는 돌아가신 한 많은 조상영혼들이 부처님의 나라인 정토세계나 하늘나라에 태어나도록 불 보살님께 재(齋)를 올려서 기원하는 법식과 영혼을 초령(招靈. 영혼을 불러들임)하여 진리의 경을 읽어드려서 깨달음을 얻도록 하여 극락세계로 가시도록 기원하는 법식을 말합니다.

　마음(영혼, 혼령, 심령)은 반드시 있으며 바람과같아서 형체는 없으나 높은 산과 석벽에도 걸림없이 순식간에 수억만리를 가고 오고 하기 때문에 마음으로 초령하겠다고 생각만 해도 순간에 오시게 되는 것입니다.

　영혼은 육체는 없지만 영체로서 오직 생각하는 힘만을 가지고 사람이나 사물의 마음을 움직일 수 있습니다. 따라서 업장에 짓눌려 그 힘을 발휘하지 못하고 괴로워하는 영혼들의 마음을 해탈시키기 위해서 지성으로 법문을 읽어드리는 것입니다.

　영가천도는 불공을 드리고자 하는 자손들이나 인연있는 사람들의 정성과 집행자의 법력法力과 독경을 통하여 행해지고 있지만 여기서는 독자님들을 위해서 영계에서 대 성현이 되신 용성대종사龍城大宗師께서 추천하신 천도에 꼭 필요한 법문인 금강삼매경 요지의 상승법문과 금강반야바라밀경찬요 법문과 무상계의 무상법문을 요약해서 소개하오니 조상님의 위패를 모셔놓고 초령하여 지심으로 독경하시기 바랍니다.

아래의 '1) 용성대종사龍城大宗師 영가천도 법문요지' 이하의 글을 순서대로 그대로 끝까지 읽으시면 됩니다.

1) 용성대종사龍城大宗師 영가천도 법문요지

(금강삼매경金剛三昧經 요지 상승법문)

○○○성씨 조상대대 친족 연족 일체의 영이시여!

영계에 계시는 영가께서는 이 법문을 경청 경청 지심으로 지심으로 경청하시고 아뇩다라 삼먁 삼보리를 득하소서!

○○○성씨 조상대대 친족 연족 일체의 영이시여!

일미진실一味眞實 무상무생無相無生

결정실제決定實際 본각이행本覺利行의 진리를 체득하소서!

'나'라고 하는 마음과 '나'라고 하는 관념의 상을 놓으십시요.

일체의 마음과 '나'라고 하는 관념은 공적한 것이니 공한 마음을 얻어서 마음이 *환화幻化되지 아니하여 환幻도 없고 변화變化도 없으면, 무생無生의 법을 얻을 것이며 무생의 마음은 변화함이 없는데 있는 것입니다.

'내가 있다.'라고 하는 생각이 남았거든 그 생각을 버리소서!

내가 있다라고 생각하는 것은 인연에 의한 인과因果로부터 일어난 것이며, 인과는 마음 작용에서 일어나는 것입니다.

마음의 상도 있지 않는 것인데, 어찌 '나'라는 관념의 상에 집착하겠습니까. 본래 생함이 불멸하여 멸하지도 않고 생하지도 않나니 일체의 법상도 이와 같습니다.

조상대대 친족 연족 일체의 영혼이시여!

모든 관념의 상을 놓아 버리소서!

본래 성품을 관찰할 적에는 근본당처가 스스로 만족하나니 천가지 만가지 분별이 근본 당처에는 조금도 도움이 되지 못하여 부질없이 소란을 일으켜 본래 마음을 잃게 됩니다. 사려가 없으면 생하고 멸함이 없어서 일어나지 아니하며 모든 알음알이가 고요해지고 오법五法이 청정하게 되리니 이를 일러 '마하야나'라는 것입니다.

조상대대 친족 연족 일체의 영혼이시여!

대승인 '마하야나'에 오르소서.

만일 마음이 망령되지 아니하면 곧 여래의 스스로 깨달은 성인의 지혜의 경지에 들어갈 것입니다. 성인의 경지에 들어가면 일체의 법은 본래부터 생함이 없는 것을 알게 되며, 생함이 없는 법을 알게 되면 곧 망상이 없어질 것이니 일체의 망념을 버리소서!

조상대대 친족 연족 일체의 영혼이시여!

최상승 금강삼매경의 제일 사구게송四句偈頌과 금강바라밀경찬을 독송해 드리겠아오니 자세히 들으시고 깊이 생각하셔서 모든 생함과 멸한 이치를 얻으시고 생함과 멸한 지혜와 자성이 공한 지혜를 얻으시기 바랍니다.

다음, 아래의 금강반야바라밀경찬을 독송합니다.

*환화 : 幻化. 무언가에 홀려서 제정신이 아님.

2) 금강반야바라밀경찬金剛般若波羅蜜經纂

이 경의 유래와 공덕은 다음과 같습니다.

옛날 중국의 비산마을의 군수 딸이 유씨라, 나이 19세에 병약하여 세상을 떠나 유명계의 염라대왕을 만났는데, 그 염라대왕이 유씨 소저에게 묻기를, '그대는 인간세상에서 어떤 인연을 많이 지었느냐?'라고 물었습니다.
유씨 소저가 '일생동안 금강반야바라밀경을 독송하였습니다.'라고 답하였습니다.
염라대왕이 '어찌하여 금강반야바라밀경만 독송하고 금강반야바라밀경찬은 독송하지 않았느냐?'라고 물었습니다.
유씨 소저가 '인간세상에는 금강반야바라밀경만 있고, 금강반야바라밀경찬은 없어서 독송하지 못했습니다.'라고 하였습니다.
그 때, 염라대왕께서 '너를 다시 인간세상으로 보낼터이니 이 금강반야바라밀경찬을 잘 기억해 두었다가 인간 세상에 널리 알려 전하여라. 이 경을 한 번 독송하면 금강반야바라밀경을 삼십 만번 독송하는 공덕과 같느니라'라고 하셨습니다.

이 세상이나 저 세상의 누구든지 염라대왕이 유포한 금강반야바라밀경찬을 지극 정성으로 성심껏 독경하면 모든 죄가 소멸되고 마음이 맑아져서 반야의 지혜를 얻게 되는 것입니다.

金剛般若波羅蜜經纂
금강반야바라밀경찬

如是我聞

여시아문

善男子善女人 受持讀誦 此經纂 一卷

선남자선여인 수지독송 차경찬 일권

如輾 金剛經 三十萬遍

여전 금강경 삼심만편

又得 神明加護 衆聖提携

우득 신명가호 중성제휴

國建大歷七年

국건대력칠년

毘山縣令 劉氏女子

비산현령 유씨여자

年一十九歲 身亡 至七日 得見 閻羅大王

년일십구세 신망 지칠일 득견 염라대왕

問曰 一生已來 作何因緣

문왈 일생이래 작하인연

女子 答曰 一生已來 偏持得 金剛經

여자 답왈 일생이래 편지득 금강경

又問曰 何不念 金剛經纂

우문왈 하불념 금강경찬

女子 答曰 緣世上無本

여자 답왈 연세상무본

王曰 放汝還活 分明記取經文

왕왈 방여환활 분명기취경문

從如是我聞 至信受奉行 都計 五千一百四十九字

종여시아문 지신수봉행 도계 오천일백사십구자

六十九佛 五十一世尊 八十五如來 三十七菩薩 一百三十八須菩提

육십구불 오십일세존 팔십오여래 삼십칠보살 일백삼십팔수보리

二十六善男子善女人 三十八何以故 三十六衆生 三十一於意云何

이십육선남자선여인 삼십팔하이고 삼십육중생 삼십일어의운하

三十如是 二十九阿耨多羅三藐三菩提 二十一布施 十八福德

삼십여시 이십구아뇩다라삼먁삼보리 이십일보시 십팔예덕

一十三恒河沙 十二微塵 七箇三千大天世界 七箇三十二相

일십삼항하사 십이미진 칠개삼천대천세계 칠개삼십이상

八功德 八莊嚴 五波羅蜜 四須陀洹 四斯陀含 四阿那含 四阿羅漢

팔공덕 팔장엄 오바라밀 사수다원 사아다함 사아나함 사아라한

此是 四果仙人

차시 사과선인

如我昔爲 歌利王 割截身體

여아석위 가리왕 활절신체

如我往昔 節節支 解時

여야왕석 절절지 해시

若有 我相 人相 衆生相 壽者相

약유 아상 인생 중생상 수자상

一一無 我見 人見 衆生見 壽者見

일일무 아견 인견 중생견 수자견

三比丘尼 數內 七四句偈

삼비구니 수내 칠사구게

摩訶般若波羅蜜

마하반야바라밀

金剛般若波羅蜜經 第一 四句偈

금강반야바라밀경 제일 사구게

凡所有相 皆是虛妄 若見諸相非相 卽見如來

범소유상 개시허망 약견제상비상 즉견여래

若以色見我 以音聲求我 是人行邪道 不能見如來

약이색견아 이음성구아 시인행사도 불능견여래

一切有爲法 如夢幻泡影 如露亦如電 應作如是觀

일체유위법 여몽환포영 여로역여전 응작여시관

大方廣佛華嚴經 第一 四句偈

대방광불화엄경 제일 사구게

若人欲了知 三世一切佛 應觀法界性 一切唯心造

약인욕요지 삼세일체불 응관법계성 일체유심조

阿含經中七佛通戒

아함경중칠불통계

諸惡莫作 衆善奉行 自淨其意 是諸佛敎

제악막작 중선봉행 자정기의 시제불교

方等經中 無量壽經 第一四句偈

방등경중 무량수경 제일사구게

其佛本願力 聞名欲往生 皆悉到彼國 自致不退轉

기불본원력 문명욕왕생 개실도피국 자치불퇴전

妙法蓮華經第一四句偈

묘법연화경제일사구게

諸法從本來 常自寂滅相 佛子行道已 來世得作佛

제법종본래 상자적멸상 불자행도이 내세득작불

大乘大般涅槃經第一四句偈

대승대반열반경제일사구게

諸行無常 是生滅法 生滅滅已 寂滅爲樂

제행무상 시생멸법 생멸멸이 적멸위락

　여기까지를 손을 합장하고, 마음은 부처님을 생각하고, 입으로는 나무 아미타불을 3번 염하면 3밀가지가 되는 것이다.

그리고 다음과 같이 번호 순서대로 독송합니다.

1) 나무무량수 여래불

2) 무변광 여래불

3) 무애광 여래불

4) 무대광 여래불

5) 염광 여래불

6) 청정광 여래불

7) 환희광 여래불

8) 지혜광 여래불

9) 부단광 여래불

10) 난사광 여래불

11) 무칭광 여래불

12) 초일월광 여래불

13) 나무관세음보살

14) 대세지 보살

15) 양왕 보살

16) 약상 보살

17) 보현 보살

18) 법자재 보살

19) 사자후 보살

20) 다라니 보살

21) 허공장 보살

22) 덕장 보살

23) 보장 보살

24) 금장 보살

25) 금강장 보살

26) 광명왕 보살

27) 산해혜 보살

28) 화엄왕 보살

29) 중보왕 보살

30) 월광왕 보살

31) 일조왕 보살

32) 삼매왕 보살

33) 정자재왕 보살

34) 대자재왕 보살

35) 백상왕 보살

36) 대위덕왕 보살

37) 지장 보살

38) 무변신 보살

이어서 다음을 독송합니다.

○ 대열반성주
나무 야라라 박사 사바하

○ 무량수여래 왕생정토주
나무 아미다바야
다타기다야 다디야타 아미리
도바비 아미리다 싯바비
아미리다 바가란제 아미리다
비가란다 가미니 가가나 깃다가혜 사바하

○ 결정왕생 정토진언
나무 사만다 못다남 옴 아마리 다바폐 사바하

복 받는 조상공양

○ 상품상생진언

옴 마리다리 훔훔 바탁사마하

○ 아미타불 본심미묘진언

다냐타 옴 아리다 라사바하

○ 아미타 불심 중심주

옴 노계 새바라 라아 하릭

○ 무량수 여래 심주

옴 아마리다 제체 하라훔

○ 무량수 여래 근본다라니

나무라 다나다라

야야 나막알야 아미 다바야

다타아다야 알하제 삼먁

삼못다야 다냐타 옴 아마리제

아마리도 나바베 아마리다

삼바베 아마리다 알베 아마리다

싯제 아마리다 제체 아마리다

미가란제 아마리다 미가란다

아미니 아마리다 아아야

나비가례 아마리다 능세비

사바례 살바타 사다니 살바

갈마 가로삭사 염가례 사바하

○ 계수서방 안락찰 접인중생 대도사

아금발원 원왕생 유원자비 애섭수

고아 일심 귀명례

금강경찬요 서사여 유포

원이차공덕 보급어 일체

아등여 중생 당생극락국

동견무량수 개공성불도

이어서 다음 무상계를 독송합니다.

무상계無常戒

조상대대 친족 연족 일치지영이시여!

무상계는 열반에 들어가는 요긴한 문이며 고해를 건너가는 자비의 배입니다.

이제 여섯가지 감관(안이비설신의眼耳鼻舌身意. 눈, 코, 귀, 혀, 몸, 뜻)을 벗어나서 신령한 영식靈識이 뚜렷이 드러났고, 부처님의 위대한 계戒를 받게 되었으니 이 얼마나 다행한 일입니까!

○ 제법 종본래 상사적 멸상 불자행도이 래세 득작불

○ 제행무상 시행멸법 생멸멸이 적멸위락

부처님계에 지심귀명례 하나이다.

달마계에 지심귀명례 하나이다.

승가계에 지심귀명례 하나이다.

이것으로 조상극락 천도를 마칩니다.

金剛般若波羅蜜經纂解釋

금강반야바라밀경찬해석

如是我聞

여시아문

나는 이와같이 들었다.

善男子善女人 受持讀誦 此經纂 一卷

선남자선여인 수지독송 차경찬 일권

선남자 선여인이 이 금강경찬 한권을 수지독송하면

如輾 金剛經 三十萬遍

여전 금강경 삼심만편

금강경 삼십만번을 독송한 것과 같으며,

又得 神明加護 衆聖提携

우득 신명가호 중성제휴

또한 신명의 가피를 받으며 성중의 이끌어주심을 얻는다 .

國建大歷七年

국건대력칠년

국(國. 당나라) 대력 칠년에

毘山縣令 劉氏女子

비산현령 유씨여자

비산현 현령 유씨의 딸이

年一十九歲 身亡 至七日 得見 閻羅大王

년일십구세 신망 지칠일 득견 염라대왕

열아홉살에 죽어 칠일째 되던 날 염라대왕을 보았다.

問日 一生已來 作何因緣

문왈 일생이래 작하인연

묻기를, 일생동안 어떤 인연을 지었는가?

女子 答日 一生已來 偏持得 金剛經

여자 답왈 일생이래 편지득 금강경

대답하기를, 일생동안 오직 금강경을 수지독송했습니다.

又問日 何不念 金剛經纂

우문왈 하불념 금강경찬

또 묻기를, 어찌 금강경찬을 외지 않았는가?

女子 答日 緣世上無本

여자 답왈 연세상무본

대답하기를, 세상에는 그런 경본이 없습니다.

王日 放汝還活 分明記取經文

왕왈 방여환활 분명기취경문

염라대왕이 말하기를, 너를 다시 살려 내보낼 것이니 이 경문을 분명
히 기억해 두어라.

從如是我聞 至信受奉行 都計 五千一百四十九字

종여시아문 지신수봉행 도계 오천일백사십구자

'여시아문'부터 '신수봉행'까지 모두 5,149자이고,

六十九佛 五十一世尊 八十五如來 三十七菩薩 一百三十八須菩提

육십구불 오십일세존 팔십오여래 삼실칠보살 일백삼실팔수보리

불佛이 69번, 세존世尊이 51번, 여래如來가 85번. 보살菩薩이 37
번, 수보리須菩提가 138번,

二十六善男子善女人 三十八何以故 三十六眾生 三十一於意云何

이십육선남자선여인 삼십팔하이고 삼십육중생 삼십일어의운하

선남자선여인善男子善女人이 26번, 하이고何以故가 38번, 중생衆生이

36번, 어의운하於意云何가 31번,

三十如是 二十九阿　多羅三　三菩提 二十一布施 十八福德

삼십여시 이십구아뇩다라삼먁삼보리 이십일보시 십팔예덕

여시如是가 30번, 아뇩다라삼먁삼보리阿　多羅三　三菩提가 29번, 보

시布施가 21번, 복덕福德이 18번,

一十三恒河沙 十二微塵 七箇三千大天世界 七箇三十二相

일십삼항하사 십이미진 칠개삼천대천세계 칠개삼십이상

항하사恒河沙가 13번, 미진微塵이 12번, 삼천대천세계三千大天世界가

7번, 삼십이상三十二相이 7번,

八功德 八莊嚴 五波羅蜜 四須陀洹 四斯陀含 四阿那含 四阿羅漢

팔공덕 팔장엄 오바라밀 사수다원 사아다함 사아나함 사아라한

공덕功德이 8번, 장엄莊嚴이 8번, 바라밀波羅蜜이 5번, 수다원이 4

번, 사다함이 4번, 아나함이 4번, 아라한이 4번 나온다.

此是 四果仙人

차시 사과선인

이것이 곧 사과四果의 선인仙人이니,

如我昔爲 歌利王 割截身體

여아석위 가리왕 활절신체

그것은 내가 옛날 가리왕에게 몸을 찢길 때

如我往昔 節節支 解時

여아왕석 절절지 해시

내가 먼 옛날 온몸을 마디마디 잘릴 때,

若有 我相 人相 衆生相 壽者相

약유 아상 인생 중생상 수자상

만일 我相 人相 衆生相 壽者相이 있었다면

(應生嗔恨 – 그에 응하여 성내고 원망하는 마음을 내었을 것이다.)

——無 我見 人見 衆生見 壽者見

일일무 아견 인견 중생견 수자견

그러나 한 생각 한 생각도 我見 人見 衆生見 壽者見이 없었다고 하신 것
과 같은 것이다.

三比丘尼 數內 七四句偈

삼비구니 수내 칠사구게

비구니가 3번, 사구게가 7번 나오느니라.

摩訶般若波羅蜜

마하반야바라밀

기도를 이해하기 위한 '마음 〉 생각 〉 정신'의 개념도의 예

〈태양 – 신의 세계(영계靈界)〉

돋보기 – 신의 세계와 통하게 하는 도구(조상공양)

햇빛의 초점 – 신의 세계와 통하게 함(정신집중精神集中)

사물 – 신의 능력이 현실로 나타남(소원성취)

그래서 정신일도하사불성精神一到何事不成(정신을 한 곳에 집중하면 무슨 일이든 이루지 못할 것이 없다)이라는 말이 생겨난지도 모릅니다. 이러한 차원에서 기도라는 것은 일념一念(오직 한가지만 생각함, 초점은 곧 일점一點이 되는 것입니다)에서 비롯된다 할 것입니다.

제3장
고사지내는 법

이사, 개업, 사무실이전 등 고사지내는 법

① 먼저 목욕제계하고 적당한 날과 시간에 대주(집의 주인, 고사 행사의 주인)는 형편에 맞게 상을 차립니다.

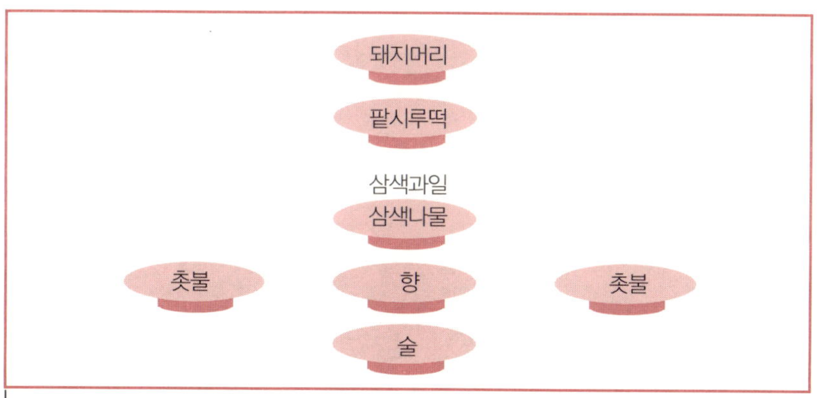

상차림 모형도

② 상을 차린 후, 촛불과 향을 켜고, 고삿상 앞에서 동서남북을 향하여 각각 한 번씩 합장하고 머리를 숙여 천지신명께 인사를 올립니다.

③ 다음, 고삿상 앞에서 고삿상을 보고 절을 3번 올립니다.

④ 다음, 술(막걸리나 청주)을 한 잔 따르고 축원문을 읽습니다.

고사 축원문

유세차 ○년○월○일○시에 ○○○(본인 성명)가 ○○(주소 자세히)에 입주(혹은 개업)하고저 목욕제계하고 이곳에서 재복을 맡아 계시는 터줏대감님과 재물을 가져다 주시는 업대감님전에 정성껏 마련한 음식과 청주를 지극정성으로 올리오니 감응하소서!

이곳의 터줏대감님과 업대감님이시여!

오늘 ○○○(본인 성명)가 ○○(주소)에 입주(혹은 개업)하고저 터줏대감님과 업대감님전에 지성 복원하오니

터줏대감께서 이 터전에 거처하시어 재물이 날로 불어나게 하여 주시옵고,

업대감님께서도 이 터전에 거처하시어 재물이 날로 불어나게 하여 주시옵기를 복원하오니 부족한 정성이오나 부디 감응하소서

⑤ 다음, 고삿상에 따라놓았던 술을 퇴주그릇에 버리고 고사에 참여한 사람들이 지위순서나, 나이순서로 술을 한 잔씩 따르고 돼지 입에 돈을 꽂고 절을 3번씩 하고 다시 술잔을 퇴주그릇에 비우고 나서 물러납니다.

⑥ 참여한 모든 사람이 절하고 물러나면 대주는 퇴주그릇에 있던 술을 대문 바깥에 3번이 되게 뿌립니다. 이 때 대주는 입으로 '터줏대감이시여, 고사를 잘 받아주셔서 감사하나이다.'라고 외친다. 아파트에 사시는 분들은 아파트 1층 현관문 앞에 퇴주를 뿌립니다.

⑦ 다음, 읽었던 고사 축원문을 손바닥위에 올려 놓고 불을 붙여 태웁니다.

⑧ 그리고 나머지 음식과 술은 참여한 사람들과 함께 나누어 먹습니다.

새로 구입한 차량 고사지내는 법

① 먼저 목욕제계하고 적당한 날과 시간에 차의 주인은 형편에 맞게 상을 차립니다.

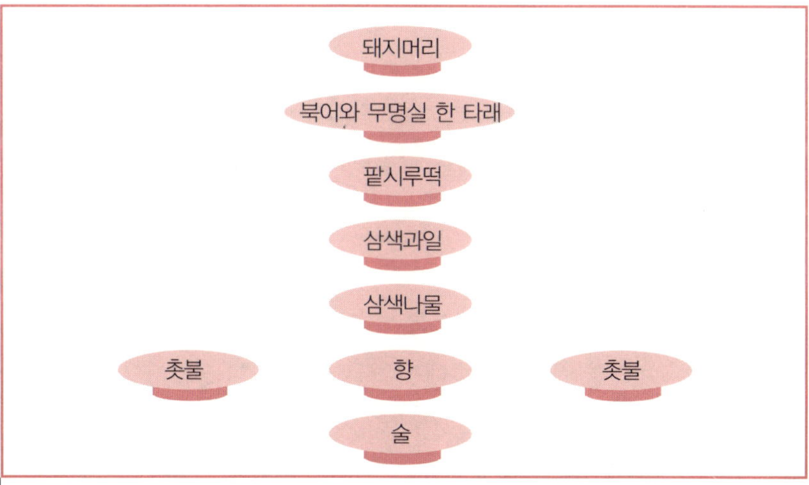

상차림 모형도

② 차량 앞에 상을 차린 후, 촛불과 향을 켜고, 고삿상 앞에서 동서남북을 향하여 각각 한 번씩 합장하고 머리를 숙여 천지신명께 인사를 올립니다.

③ 다음, 고삿상 앞에서 고삿상을 보고 절을 3번 올립니다.

④ 다음, 술(막걸리나 청주)을 한 잔 따르고 축원문을 읽습니다.

⑤ 다음, 고삿상에 따라놓았던 술을 퇴주그릇에 버리고 고사에 참여한 사람들이 지위순서나, 나이순서로 술을 한 잔씩 따르고 돼지 입에 돈을 꽂고 절을 3번씩 하고 다시 술잔을 퇴주그릇에 비우고 나서 물러납니다.

⑥ 참여한 모든 사람이 절하고 물러나면 대주는 퇴주그릇에 있던 술을 네 바퀴에 한 번씩 뿌립니다. 이 때 대주는 입으로 '조상님이시여, 고사를 잘 받아주셔서 감사하나이다.' 라고 외친다.

⑦ 다음, 읽었던 차량 고사 축원문을 손바닥위에 올려 놓고 불을 붙여
태웁니다.

⑧ 그리고 나머지 음식과 술은 참여한 사람들과 함께 나누어
먹습니다.

제4장
삼신과 칠성 모시는 법

삼신三神 

삼신은 아기를 점지해 주는 신입니다. 현재에 있어서는 삼신을 모시는 집안이 거의 사라진 상태입니다. 그러나 예전에는 가정의 출산에 있어서 없어서는 안될 귀중한 신이었습니다. 시대에 뒤떨어졌다고 생각하지 말고 믿음을 가지고 실천한다면 귀자를 출산하시리라 여겨집니다.

민간에 전해 내려오는 삼신을 소개합니다.

삼신은 가신家神의 하나인 생산신, 출산신, 곧 산신産神을 말합니다. 산신은 산육産育에 관한 모든 일을 관장합니다.

삼신 바가지는 안방 시렁 위에 모시며, 바가지 속에 쌀이나 옷감 등을 넣어 창호지로 덮어서 끈이나 타래실로 묶어 두고, 바가지에 담긴 곡식은 봄과 가을에 햇곡식으로 갈아 넣고 묵은 쌀은 밥을 지어 온 식구가 먹으면서 삼신할머니께 감사드리는 것입니다.

삼신은 삼신 할매라고 부르며 아들 낳기를 바랄 때와 산모가 순산하기를 빌 때, 산후에 산모의 빠른 회복을 기원하거나 아기가 탈 없이 잘 자라게 해 달라고 기원할 때 삼신 할매에게 비는 것입니다.

그래서 출산 후 칠 일마다 미역국과 밥을 차려 놓고 삼신 기도 축문을 외우면서 비는 것입니다.

삼신 축문

어지신 삼신할매 금지옥엽 우리아기
외(참외)굵듯 달(月)굵듯 모래밭에 수박굵듯
먹고자고 먹고자고 무럭무럭 키워주소
복을랑 석순에 타고 명일랑 동방삭에 타서
외굵듯 달굵듯 모래밭에 수박굵듯
먹고자고 먹고자고 무럭무럭 키워주소
쥐면 터질세라 불면 날세라
금지옥엽 우리아기 무병장수하게 하옵소서.

그리고 출산 후, 백일과 돌날 아침에는 떡과 밥, 미역국을 차려 놓고 삼신할머니께 기원한 다음 가족과 함께 나누어 먹습니다.

(출처 '傳統文化의 脈—慶北道敎育委員會 刊')

아파트나 일반 주택에서는 베란다에 모셔도 됩니다.

칠성은 불교와 관계가 있으며, 건강이나 산육에 관한 모든 것을 관장하는 신이라고 합니다. 칠성신은 신체身體가 없는 것이 일바적이며 정기적인 의례도 없습니다. 단, 집안에 우환이 계속되면 매일 또는 날짜를 정하여 새벽에 마당이나 뒤뜰에 자리를 깔고 소반에 정화수를 떠놓고 치성을 드립니다. (아파트의 경우는 베란다나 싱크대를 이용하면 됩니다.)

날짜를 정하여 치성을 드릴 때에는 음력 매월 1일과 15일이 되면 아침에 일어나자마자 물을 떠 놓고 기도를 합니다. 물은 며칠이 지나면 버립니다. 기도 내용은 가족이 어디를 가나 무사하고 복되게 해 달라는 것입니다.

정월 15일과 햇곡식이 났을 때는 떡과 밥, 과실을 놓고 기도하며 소지를 올립니다. 소지는 칠성님, 가장, 맏아들, 둘째 아들 등 식구 수대로 따로 올립니다.

그리고 개고기를 먹으면 칠성님이 노한다고 하여 일체 먹지도, 보지도 않아야 합니다.

가신家神은 우리 조상 전래의 토속신앙으로, 신은 집안 어느 곳에나 존재하고 있다는 것입니다. 가신은 가족을 보호하고 집안의 평온과 행복을 지켜주고 있다고 믿고 온 정성이 다하여 모시고 비는 것입니다.

가신을 모시는 일은 주로 부녀자들이 맡아 하는데, 어머니들이 자식을 훌륭히 키웠다든가, 가문을 빛낸 일들은 모두 가신을 잘 섬겼기 때문이라는 이야기를 흔히 들을 수 있습니다.

(출처 '傳統文化의 脈—慶北道敎育委員會 刊)

제5장

사라져 가는 금기사항 禁忌事項

　지금은 사라져가는 조상님들의 금기사항이나 금기생활을 소개합니다. 이러한 것들이 터무니없다면 할 말이 없지만, 이러한 것들을 어기므로써 피해를 보았다는 얘기는 우리 부모님들로부터도 심심찮게 전해오고 있다 할 것입니다. 항상 사소한 것에도 주의하는 생활 태도가 중요하다 할 것입니다. 소개되는 금기들 중에는 시대에 맞지 않는 것도 있으니 독자 여러분이 주관적으로 해석해 보시기 바랍니다.

상가喪家 출입 및 초상시의 금기

- 새 집을 지은 후 3년(혹은 1년)간은 마을에 상가집이 있어도 문상을 가지 아니한다.

- 결혼 날짜를 받아놓고 상가에 가지 아니한다.
- 초상집에 갈 때는 머리를 감지 아니한다.
- 제사가 있는 달에는 제일祭日이 지나지 않으면 상가에 가지 아니한다.
- 마을에 초상이 났을 때 빨래를 방망이로 두드리지 않고, 빨래를 밖에 걸어 놓지 아니한다.
- 홍역을 할 때는 상가에 가지 아니한다.
- 상가에 갔다오면 그 날은 들에 나가지 아니한다.
- 출가외인은 새 집을 짓고 일 년 내에 친정부모가 돌아가셔도 친정에 가지 아니한다.
- 마을에 초상이 나면 국수를 먹지 아니한다.
- 부고(초상을 알리는 편지)는 항상 변소에 꽂는다.
- 초상집에 못 갈 경우에 해당하여도 부득이 가게 될 경우는 오곡(쌀, 보리, 조, 콩, 기장)을 볶아서 주머니에 넣고 간다.
- 동네에 초상났을 때 바느질을 하면 나쁘다.
- 산소에 불이 나면 혼백이 산소에서 달아난다.
- 무덤 속에 차돌이 들어가면 후손들의 머리가 희어진다.

분만에 관한 금기

- 아기를 낳은 집에서는 상주들(또는 가족 이외의 타인들)이 못 들어오게 고추와 숯, 솔가지 등을 매달아 대문에다 걸어둔다(금줄을 친다).
- 아기 낳은 집에 7일이 지나기 전에는 찾아가지 아니한다.
- 해산 후 삼칠 일(21일)안에는 궂은 일은 보지 아니한다.

• 해산하는 달에는 친정 부모가 사망한 연락을 받아도 해산 후에야 문상한다.

• 해산 후 칠일 이내에는 부엌의 재를 치지 아니한다.

• 해산 후 칠일 이내에는 빨래를 삶지 아니한다.

• 해산하는 달에는 상가에 가지 아니한다.

• 해산하는 달에는 집을 고치지 아니한다.

• 해산하는 달에는 이사를 가지 아니한다.

• 한 지붕 밑에서 두 사람이 같이 해산하지 아니한다.

• 해산하면 부엌 아궁이에 쌀을 넣지 아니한다.

수술적 금기

• 밤에는 손톱, 발톱을 깍지 아니한다.

• 비오는 날 밤에는 머리를 감지 아니한다.

• 메주 쑤는 날 머리를 빗지 아니한다.

• 밤에 귀를 후비지 아니한다.

• 이齒를 빼서는 아궁이에 넣는다.

• 손톱을 깍아서 마당에 버리지 아니한다. 만약 그 손톱을 닭이 먹은 뒤, 그 닭을 잡아 먹으면 문둥이가 된다.

• 남의 집(혹은 친척집)에 가서 손톱이나 발톱을 깍지 아니한다.

- 생쌀을 먹으면 어머니가 죽는다.
- 밥그릇을 손바닥 위에 얹어서 먹지 아니한다.
- 간장은 친정집의 것을 가져다 먹지 아니한다.
- 처마밑에서 밥을 먹지 아니한다.
- 부뚜막에 앉아서 음식을 먹지 아니한다.
- 이가 빠진 사기그릇은 사용하지 아니한다.
- 바가지를 상 위에 올려 놓지 아니한다.
- 부엌에 물이 없으면 안 된다.
- 눈에 다래기가 생겼을 때는 민물고기를 먹지 아니한다.
- 식사 때 다리를 떨면 복이 나간다.

밤의 행동 금기

- 해가 지면 빨래를 하지 아니한다.
- 밤에 휘파람(혹은 피리)을 불지 아니한다.
- 해가 진 후 딸이 있는 집에서는 불을 빌려 주지 아니한다.
- 해가 진 후 빨래 방망이 소리를 내면 동네 젊은이가 죽는다.
- 밤에는 못을 치지 아니한다.
- 밤에 문을 바르지 아니한다.
- 밤에 방을 쓸지 아니한다.
- 밤에 머리를 감으면 시집갈 때 비가 온다.

• 아침에 꿈 이야기를 하지 아니한다.

제사, 생일날의 금기

• 제사지내는 날 머리를 감으면 자손들이 흩어져 살게 된다.
• 아기를 업고 제삿밥을 짓지 아니한다.
• 제삿날에는 빨래줄을 걷어 놓는다.
• 머리카락이 들어간 음식을 제사상에 놓지 아니한다.
• 동제洞祭시에 타 동네 사람들이 못 들어오게 동네에 금줄을 친다.
• 생일날은 죽을 끓여 먹지 아니한다.
• 생일날 제사 음식을 먹지 아니한다.

기타 금기

• 천둥치는 날 문지방에 앉지 아니한다.
• 베게를 깔고 앉지 아니한다.
• 머리를 북쪽으로 놓고 자지 아니한다.
• 깨진 거울을 보지 아니한다.
• 이사를 갈 때는 날을 가려서 간다.
• 대나무를 짚고 다니면 부모가 죽는다.
• 생존한 사람의 옷을 태우거나 찢지 아니한다.
• 집에 사는 뱀은 죽이지 아니한다.
• 6월 달에는 솜이불을 꿰매지 아니한다.

- 새고기를 먹으면 그릇을 잘 깬다.

- 괴팍한 사람이 돌 씹는다.

- 복숭아 나무를 집안에 심으면 귀신 붙는다.

- 숟가락 멀리 잡으면 시집 장가 멀리간다.

- 아침에 거미를 보면 재수있다.

- 저녁에 거미를 보면 재수없다.

- 해 빠지고 방 쓸면 복 나간다.

(출처 '傳統文化의 脈－慶北道敎育委員會 刊)

복 받는 조상공양

제6장
조상공양에 대한 문답

조상공양에 대한 궁금점을 문답으로 적어 봅니다.

문1] 종교가 불교가 아니고 기독교인데 조상공양을 해도 괜찮은가요?

답 모든 종교의 궁극적인 목적은 같습니다. 그러므로 반드시 불교가 아니더라도 조상님 없는 자손이 있을 수 없으므로 어느 종교를 믿거나 조상공양은 할 수 있습니다. 다만 그 방법이나 절차는 자신의 종교에 맞거나 자신의 형편에 맞게 하시면 됩니다.

문제는 한 여자분이 시집을 가서 시댁의 가족들과 종교가 다를 경우는 참으로 안타까운 일이 아닐 수 없습니다. 종교라는 것이 마음을 쇄뇌하는 힘이 있기 때문에 쉽사리 화합하기란 대단히 어려운 일이라고 생각합니다.

사실상 한 가정에 종교가 둘 이상이 되면 각자에 마음의 갈등이 일어나게 되므로 우선적으로 시집간 며느리는 한 가정의 평화를 위하여 일단 종교를 시댁에 맞추는 양보심을 발휘하여야 합니다. 그런 연후 시댁 식구들과 화목을 다지면서 인간적으로 시어머니와 가까워졌을 때, 자신이 추구하는 종교에 대하여 진솔한 대화를 나눈 뒤 반드시 시어머니의 허락을 맡은 연후에 자신의 종교를 믿어야 합니다.

이러한 절차를 거치지 않으면 반드시 가정에 풍파가 닥치게 되는 것입니다. 이점을 명심하셔서 깊고 넓은 '양보심'을 가지시기 바랍니다. 양보심을 갖는다고 하여 종교적 실패자가 되는 것은 절대 아니니 지혜를 발휘하시기 바랍니다.

[문2] 큰 형님이 제사를 지내시는데, 막내인 제가 제사를 지내도 되나요?

[답] 제사 지내는 당사자는 남자든 여자든 막내든 상관 없습니다. 조상님을 위하고 효도하는 마음만 있다면 누구든지 조상공양을 하여 소원성취를 이룰 수 있습니다. 조상님의 마음은 우주 영계에서 자유로이 우리에게 오갑니다. 가족 모두가 한 자손이니 누구든 상대를 가리지 않습니다. 큰 형님이 가족 대표로 한다지만 가부장적인 사회의 권위의식에서 그렇게 내려왔던 것이니 다른 집에 분가하여 살고 있다고 한다면 누구든 조상공양을 할 수 있는 것입니다. 분가한 여자도, 시집갔다가 이혼하여 과부가 된 여자도, 혼자 여기저기 떠돌며 노숙하는 남자도, 혼자 자취하는 학생도, 누구든지 조상공양을 하여 소원성취할 수 있습니다.

[문3] 조상공양 제단을 반드시 만들어 놓아야 하나요?

[답] 그렇습니다. 조상공양 제단을 만들어 놓으므로써 한 집안의 중심점

이 생기게 되는 것이고, 집을 들며 날며 조상공양 제단에 인사를 올리고 대소사를 마음으로 상의하는 과정을 자라나는 자식들이 보고 자라게 되므로 자연히 조상님에 대한 공경심이 무의식 속에 자리하게 되며 부모님에게도 공경하고 효도하는 마음과 가풍家風이 생겨나는 것입니다.

그러나 조상공야 제단을 너무 거하게 차려 놓아 자칫 미신을 믿는 것처럼 비춰져서는 안될 것입니다. 조촐하면서도 엄숙한 분위기를 유지하는 것이 무엇보다도 중요합니다. 조상공양 제단을 모시는 일은 대단히 어렵습니다. 반드시 꾸준한 인내심이 필요합니다.

문4] 한번 설치한 조상공양 제단은 언제까지 모셔야 하나요?

답 평생 모셔야 합니다. 한 번 모시기 시작한 조상공양 제단은 마음내키는대로 설치했다가 없앴다가 하는 것이 아닙니다. 한 번 설치해 놓으면 대대로 이어지게 만들어야 하고 중간에 조상공양을 포기하거나, 소원성취가 되었다고 소홀히 하거나 없애버리면 않됩니다. 이렇게 되면 조상령도 혼란을 겪게 되어 집안에 풍파가 찾아오는 법이니 처음부터 시작하지 않아야 합니다. 한마디로 믿으려면 끝까지 철저하게 믿고, 안믿으려면 철저하게 믿지 않아야 풍파가 덜 합니다.

문5] 과거 인공유산을 당한 조상령이나 자식령인 인연령은 어떻게 되는가요?

답 사람으로 태어나기 위하여는 남녀가 사랑하여 합궁하는 순간에 우주영계를 떠돌던 마음(영혼, 혼령, 심령. 건달바라고도 함)이 정자와 난자가 결합하는 순간 정자와 난자에 안착하여 자궁에서 자라게 되는 것입니다. 이렇게 사람으로의 첫출발인 자궁에 안착한 마음을 강제로

끌어낸다면, 자신의 집에서 잘 살고 있는 사람을 강제로 퇴출시키는 것과 같은 이치입니다.

그리하면 사람도 죽고 싶은 심정을 갖거나 기분이 나쁠 것인데, 하물며 우주 영계를 떠돌다가 어렵사리 안착한 마음(건달바)이야 그 심정이 오죽하겠습니까. 그 마음은 다시 우주 영계를 안착하지 못하고 떠돌게 되는 것입니다. 그것은 죄악입니다.

그래서 속죄하는 마음으로 그러한 마음(영혼, 혼령, 심령)들을 천도하여 주는 것입니다.

자연유산 된 것은 자연적으로 어쩔 수 없이 그리 된 것이니 죄악이 아닙니다.

문6] 죽은 사람의 마음(영혼, 혼령, 심령)은 어디든지 갈 수 있나요?

답 그렇습니다. 육체가 없는 마음은 산도 바다도 어떠한 장벽도 순식간에 넘을 수 있고, 뚫고 지나가 모든 사람들의 마음과 교통할 수 있는 것입니다. 사람과 사람의 마음을 통하게 해주며, 사람과 동물의 마음을 통하게 해주며, 사람과 나무의 마음을 통하게 해주며, 사람과 바위의 마음을 통하게 해주며, 모든 자연현상이나 우주의 그 어떤 것과도 마음을 통하게 해줍니다. '일체유심조一切唯心造'라는 부처님의 말씀은 '모든 것이 마음에서 이루어진다.' 혹은 '모든 것이 마음 먹기 달렸다.'는 뜻도 되지만, '모든 것은 오직 마음으로 통할 수 있다'는 뜻도 되는 것입니다.

또한 마음은 과거 현재 미래를 자유자재로 넘나드는 것입니다. 그렇기 때문에 조상공양 제단의 위패나 본존에도 그 마음이 깃드는 것입니다.

답] 우리의 육체에 깃들어 있는 마음은 우리가 의식을 하거나 의식을 하지 않거나 자유로이 활동하고 있습니다. 다시말하면 가고 싶은 곳을 원하는대로 가 본다든지, 먹고싶은 것을 원하는대로 먹어 본다든지, 하고 싶은 일을 원하는대로 한다든지 하는 것입니다.

사람의 몸으로 마음이 깃들어 다시 태어나면, 사람으로 살아가면서 마음이 경험했던 것도 그대로 간직하고 살아가게 되며, 사람으로 태어나기 이전의 억만겁의 세월동안 경험했던 기억조차 모두 저장하고 있다할 것입니다. 이 모든 마음의 기억을 영원히 저장하여 간직하는 것이 바로 이 책의 제1장에서 얘기하는 '아라야식阿賴耶識'입니다. '아라야식阿賴耶識'은 곧 윤회의 주체가 되는 것이고, 이를 '심心'이라고도 합니다.

이 아라야식을 주체로 하여 마음(영혼, 혼령, 심령)이라는 것이 영원한 존재가 되고 있으니 과거, 현재, 미래를 넘나들며, 어디에든 깃들 수 있는 것입니다.

전생의 마음도 간직하고, 과거의 마음도 간직하고, 미래의 마음도 간직하고 있으니, 우리가 살아생전 경험하지 못한 것들로 인하여 괴로워하거나 아직 살아보지 못한 것들을 미리 볼 수 있는 것이 이러한 이유 때문입니다.

그렇기 때문에 과거의 괴로운 일은 마음을 수행하여 가라앉히든지, 괴로운 마음을 정화하여 안정을 찾든지, 괴로움을 마음의 수행 내지는 치료를 하여 행복을 추구하는 것입니다. 그리고 미래의 어떠한 일에 대하여는 현생을 살면서 활용하는 것입니다. 괴로움의 해결방법이 바로 조상공양이나 천도재가 될 수 있고, 불경을 독송하는 것이 될 수 있는 것입니다.

서양의 정신분석학자 프로이트가 아무리 뛰어나고, 현대의 정신 분석학자들이 인체를 분석하고, 두뇌를 해부하고 연구한다 하여도 이러한 아라야식阿賴耶識을 논한 유식학唯識學의 논리 안에 있다할 것입니다.

우리의 육체는 마음이 잠시 머무르는 안식처입니다. 그러나 위에서 설명하였듯이 마음은 어디든 교통할 수 있다고 하였으니, 우리의 육체에는 나 자신의 마음 뿐아니라 다른 마음들도 자유롭게 왕래할 수 있습니다. 다른 마음들 중에서 악한 마음, 선한 마음이 왕래하므로써 나 자신이 악해지기도 하고 선해지기도 합니다. 그렇기 때문에 육체를 갖기 위해 처음 안착한 본래의 내 마음을 찾아 나의 육체에 걸맞는 행동과 생활을 하여 행복을 누리려고 하는 것이 바로 조상공양이나 수행정진이요, 도를 닦는 일입니다. 그런 연후 육체를 떠난 마음이 진정한 평화를 얻는 극락에 가기를 바라는 것입니다.

문8] 조상공양을 할 때에 경을 반드시 독송해야 하나요?

답 그렇습니다. 금강경, 금강경경찬, 천수경, 지장경 등은 우리 마음의 허물을 벗게 해주고, 진리를 깨우쳐서 평화를 주는 경입니다. 반드시 독송하여 진정한 마음을 찾아야 삿된 마음도 없어지고 올바른 마음의 평화를 갖게 되는 것입니다. 마음의 평화는 곧 해탈解脫입니다.

문9] 경을 독송하는 시간은 정해야 합니까?

답 그렇습니다. 영계에 있는 모든 영들은 현생을 살아가고 있는 사람들과 마찬가지로, 영계에서 살아가기 위해 여러 가지 할 일들이 있습니다. 그렇기 때문에 시간을 정해서 하지 않으면 영계에서 공부나 일을 하고 있는 영들이 오기 어렵습니다. 시간을 정하여 영계의 영들이 규칙적인 왕래를 할 수 있도록 하여야 합니다.

문10] 종교에 몸을 담고 있는 스님이나 종교인이 조상공양을 해야 더 효과를 보나요?

답 그렇지 않습니다. 진실한 마음으로 이 책에 있는 내용대로만 한다면 누구든지 덕을 볼 수 있으리라 확신합니다. 반드시 소원성취를 이루시리라 생각합니다.

문11] 산소에 오래되어 부서진 묘석은 어떻게 처리해야 하나요?

답 쉽게 표현한다면 산소는 죽은 육체가 거주하는 집이요, 묘석은 대문의 문패와 같습니다. 문패에 해당하는 부서진 묘석에 등재되어 있는 죽은 사람의 성명은 살아서나 죽어서나 그 사람의 '명예'에 해당이 되므로 죽은 사람에 대하여 '묘석을 옮기는 의식이나 제사'를 정중하게 지낸 후 사찰에 옮겨 자연풍화되게 하거나 깨끗한 장소에 옮겨 자연풍화되게 하여야 합니다.

묘석을 옮길 때에는 먼저 좋은 날(한식날이 제일 좋습니다.)을 잡고, 산소 앞에서 조상공양 때와 같은 방법으로 절차를 밟아 제사를 지내되, 조상 천도 발원문만을 독송합니다.

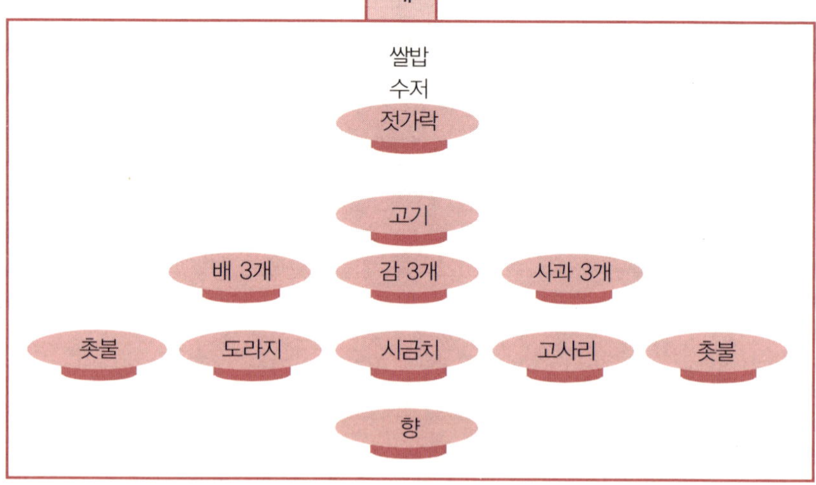

조상 천도 발원문

전 시방 삼세의 삼계 사생 육도 유정무정 일체실상 우주법계는 오로지 부처님의 초고 최상하신 무상 대원력대로만 즉시 일시에 완전무결이 종초지말 무장무대환희 원만 대성취 되어지이다.

전 시방 삼세의 삼계 사생 육도 유정무정 일체실상 우주법계는 오로지 부처님의 초고 최상하신 무상 대원력대로만 즉시 일시에 완전무결이 종초지말 무장무대환희 원만 대성취 되어지이다.

전 시방 삼세의 삼계 사생 육도 유정무정 일체실상 우주법계는 오로지 부처님의 초고 최상하신 무상 대원력대로만 즉시 일시에 완전무결이 종초지말 무장무대환희 원만 대성취 되어지이다.

(억억만겁 시간이 지날 때에만 가히 이 경을 얻어 들을 수 있는 것이니, 일

문12] 위패位牌는 왜 만드는가요?

답 위패는 그 사람의 속명俗名이나 계명戒名을 쓰고 거기에 한 번 초령招靈하여 제사를 지내두면 그 초령한 영의 영파(靈波. 마음, 영혼, 혼령, 심령의 움직임과 같은 말)가 그 위패에 인상印象되어 언제나 거기에 영혼의 영적파동이 방사되는 것입니다. 한마디로 조상님의 마음과 현세를 살아가는 후손들의 마음을 교통할 수 있게 해 주는 안테나 역할을 하는 것이라고 하겠습니다. 그래서 위패를 만드는 것입니다. 기독교에서는 십자가를, 불교에서는 탱화나 부처님을 그 마음의 교통수단으로 활용하는 것입니다. 기독교신자도 본존本尊을 하나님이나 예수님으로 모시고 조상공양하는 절차에 따라 조상공양이나 조상 천도를 할 수 있는 것입니다.

문13] 화장火葬한 경우도 조상님 제사를 할 수 있나요?

답 화장하여도 조상님의 마음(영혼, 혼령, 심령)은 영원불멸하여 남아 있기 때문에 조상공양이나 조상극락 천도재의 절차는 똑 같습니다. 매장한 경우와 같다는 것입니다. 위패를 모심으로써 조상님과의 교통은 가능한 것입니다.

문14] 위패에 여러사람의 이름을 써도 괜찮은가요?

답 괜찮습니다. 그러나 한 위패에 '○○○씨 ○○파 ○○○가 조상대대친족연족일체지령위', 즉『○○○氏 ○○派 ○○○家 祖上代代親族緣族一切之靈位』라고 쓰고, 돌아가신 지 50년 이내의 모든 분들의 이름을 불러내어 함께 제사를 지내드려도 됩니다.

그리고 제사를 지낼 때 이름을 부르지 않으면 오지 않는 것이 영계의 법칙이라고 합니다. 그러므로 반드시 이름을 일일이 불러 드려야 합니다.

예를 들면, 세 분이 조상님이라면,

○○○씨 ○○파 홍길동가 조상대대친족연족일체지령위, (읽고)

○○○씨 ○○파 홍길서가 조상대대친족연족일체지령위, (읽고)

○○○씨 ○○파 홍길남가 조상대대친족연족일체지령위, (읽고)

○○○씨 ○○파 홍길북가 조상대대친족연족일체지령위, (읽고)

라고 계속하여 읽어 내려갑니다.

나머지 절차는 조상공양 절차에 따라합니다. (홍길도서남북은 예로 든 것입니다. 이름이 같은 분은 양해바랍니다.)

문15] 분가分家한 사람은 조상님을 모시지 않아도 되나요?

답 시집가서 분가한 여자분도 조상님 위패를 모실 수 있습니다. 조상님의 마음은 그 누구의 전유물이 될 수 없습니다. 누구나 조상님과 교통하고자 하는 마음이 있다면 남녀노소, 가난한 자, 병든 자, 무식한 자, 사기꾼, 절도범, 살인범 등등 누구를 막론하고 조상님의 위패를 모시고 조상공양을 할 수 있고, 소원성취도 얻을 수 있습니다.

문16] 천수를 다하지 못하고 자살한 사람을 조상님으로 모셔도 되나요?

답 됩니다. 그러나 먼저 그 자살한 조상님의 한을 풀어드리기 위하여 조상극락 천도재를 지내야 합니다. 그 다음 조상님으로서의 위패를 모셔서 조상공양을 하는 것이 순서입니다.

조상님의 마음은 후손을 위하는 마음이 대단히 강한 것입니다. 자손들이 특별한 죄업이 없는 한 조상님들은 후손을 위하여 마음을 쓰실 겁니다.

문 17] 사고나 천재지변으로 죽은 사람들은 왜 그렇게 되나요?

답 그 해답은 유심학唯心學에서 찾을 수 있는데, 이러한 경우를 당하는 이유를 공업共業 때문이라고 합니다.

공업共業이라 함은, 제각기 공동으로 선악의 행위를 하고 공동으로 고락苦樂의 과보를 받으므로 그 제각기 지은 공동 행위에 대한 업보를 공업이라고 합니다. 예를 들면, 사람 마다 다른 지방, 다른 생활 속에서 살고 있지만, 마음으로나 생활로나 똑같이 추구하는 행위에 대한 업을 말합니다. 다시 예를 들면, 일본인들이 일제 침략을 하였을때, 히로시마에 원폭이 투하되어 그 죄업의 댓가를 치르게 되는데 그 원폭 피해자 중에는 무고한 시민들도 있으니, 그 무고한 시민들은 일본이라는 국가의 침략성에 대한 공업에 의하여 피해를 본 것입니다.

문 18] 내 땅에 있는 무연고의 산소 및 남의 산소는 어떻게 해야 하는가요?

답 무연고나 남의 산소이면 군청이나 시청에 가서 법적인 절차로 해결하여야 할 것입니다. 그러나 그 산소에는 남의 조상님의 마음이 깃들어 있으므로 법적인 절차에 의하여 이장이나 개장하기 전에 내 땅에 있게 된 인연으로써 남의 조상님들께도 조상공양의 예를 먼저 올려야 합니다.

간단하게나마 산소 앞에 제물(북어, 정종을 준비. 형편에 따라 삼색나
물과 삼색과일을 준비)을 차려 놓고 절을 2배를 하고,
'유세차 ○년 ○월 ○일 ○시에 ○○○(이름)가 아뢰옵니다.
여기에 계시는 영혼이 어느 연고의 조상님이신지는 몰라도
부디 좋은 곳으로 극락왕생하옵소서.' 라고 진심으로 명복을 빌어드
립니다.

제7장
유교적 전통 제례祭禮

부모님이나 조상님의 제사 절차를 간추려서 적어 봅니다. (조상공양시 형편이 되시는 분들께서는 이대로 상차림을 하여도 무방합니다.)

다음의 차례대로 행하면 됩니다.

진설陳設(제사상 상차림)

진설한다 함은 제사상을 차리는 일을 말합니다.

1) 진설도 陳設圖

<table>
<tr><td></td><td></td><td></td><td></td><td></td><td>考位 妣位</td><td></td><td></td><td></td><td></td><td></td></tr>
<tr><td>飯
반</td><td>盞
잔</td><td>羹
갱</td><td>匙楪
시첩</td><td></td><td>(1열)</td><td>醋
초첩</td><td>飯
반</td><td>盞
잔</td><td>羹
갱</td><td></td></tr>
<tr><td>麵
면</td><td>餠
병</td><td>肉
육</td><td>肉煎
육전</td><td>炙
자</td><td>(2열)</td><td>누름
적</td><td>魚煎
어전</td><td>魚
어</td><td>麵
면</td><td>餠
병</td></tr>
<tr><td></td><td>造淸
조청</td><td>肉湯
육탕</td><td>(3열)</td><td></td><td>蔬湯
소탕</td><td>(3열)</td><td>魚湯
어탕</td><td>造淸
조청</td><td></td><td></td></tr>
<tr><td>脯
포</td><td>熟菜
숙채</td><td>淸醬
청장</td><td>醯
해</td><td>沈菜
심채</td><td>(4열)</td><td>膾
회</td><td>海苔
해태</td><td>묵</td><td>달걀</td><td>두부</td></tr>
<tr><td>棗조
대추</td><td>栗율
밤</td><td>柿시
감</td><td>梨이
배</td><td>사과</td><td>약과
(5열)
향 향
로 합
모
사</td><td>산자</td><td>과자</td><td>과자</td><td>과자</td><td>증과</td></tr>
</table>

2) 진설도 陳設圖 해설

考位고위 : 돌아가신 아버지와 각대의 할아버지의 위

妣位비위 : 돌아가신 어머니와 각대의 할머니의 위

진설하는 위치는 각 지방마다 조금씩 다를 수 있습니다.

① 제1열

匙楪시첩 : 숟가락과 젓가락을 놓는 접시

飯반 : 메, 밥

盞잔 : 잔대

羹갱 : 국

醋초 : 초첩. 식초를 담은 종지

② 제2열

餠병 : 편, 떡

麵면 : 국수

魚어 : 생선

炙자 : 적, 부침개의 일종. 간육肝肉을 이용하여 부침개를 함

肉육 : 소 혹은 돼지고기 등

어동육서

③ 제3열

蔬湯소탕 : 차조기탕 (나물만 넣은 탕)

魚湯어탕 : 물고기탕

肉湯육탕 : 육고기탕

④ 제4열

脯포 : 건어乾魚

熟菜숙채 : 나물

清醬청장 : 간장

醢해 : 젓

沈菜심채 : 김치

⑤ 제5열

果과 : 과는 밤, 대추, 감, 배, 사과, 과자 등을 총칭합니다.

홍동백서紅東白西 : 과일 중 붉은 색은 동쪽에 놓고, 흰 색은 서족에 놓는다.

조율시이棗栗柿梨 : 대추, 밤, 감, 배

이렇게 해서 제사상이 차려졌습니다.

다음은 그 절차를 알아보도록 하겠습니다.

기제忌祭 절차

기제忌祭라 함은 3년상이 지나고 다 음 해부터 돌아가신 날 첫새벽에 지내는 제사를 말합니다. 보통 사대봉사四代奉祀라하여 고조高祖까지만 지내며, 그 위의 선조는 묘제만 지냅니다.

그 절차는 다음과 같습니다.

1) 설위設位 : 진설이 끝나면 그 날 기일忌日이 드는 신주神主를 사당에서 제청으로 모셔 나와 교위에 모시고 신주가 없는 집에서는 지방을 써 붙입니다. 진설을 향해서 왼쪽이 고위考位, 오른쪽에 비위妣位의 지방을 붙이고 맨 앞에는 향로와 향합을 놓습니다.

2) 강신降神 : 주제관主祭官이 끓어 앉아 분향을 하면 집사자가 주제관 오른편에 끓어 앉아 제주를 따릅니다. 주제관은 술잔을 향로 위에 세 바퀴 돌린 다음 모사茅沙위에 붓고 재배再拜합니다.

3) 참신參神 : 제관이 차례로 서서 남자는 재배再拜, 여자는 사배四拜를 합니다.

4) 초헌初獻 : 헌관이 끓어앉아 술잔을 들면 오른편의 집사자가 술을 따른다. 이 때 왼편의 집사자가 헌관으로 부터 술잔을 받아 술잔을 신위神位 앞에 놓고 젓가락을 건포 위에 걸치고, 메 그릇과 국 그릇의 뚜껑을 열어 놓으며, 축관祝官이 헌관의 왼편에 앉아 동쪽을 향하여 축문을 읽습니다. 그 후 헌관은 재배를 하고 제자리로 돌아옵니다.

5) 아헌亞獻 : 아헌은 주부主婦가 거행하며 주부가 없으면 아우나 근친이 하는데 절차는 초헌과 같으나 축문은 다시 읽지 않습니다.

6) 종헌終獻 : 종헌은 친빈親賓이 하는데 절차는 아헌과 같습니다.

7) 삽시插匙 : 첨작添酌을 한 후 숟가락을 메에 꽂고 주제관이 재배합니다.

8) 합문闔門 : 제관들은 제청 밖으로 나오며 문을 닫고 밖에서 끓어 앉아 한참 기다린다.

9) 계문啓門 : 축관이 세 번 기침을 하고 문을 열면 제관은 제자리에 가서 섭니다.

10) 진다進茶 : 메와 탕을 물리고 다(茶. 숭늉)를 메그릇 자리에 올립니다.

11) 제반除飯 : 메를 조금씩 세 번 숭늉에 떠 넣고 숟가락을 그릇에 담근 채 메 그릇 쪽으로 비스듬히 걸쳐 놓습니다.

12) 고이성告利成 : 숟가락과 젓가락을 모두 내리고 밥 그릇을 덮은 뒤, 축관이 주제관의 왼편에 서서 이성(利成. 제사가 끝남)을 고하고 제

신주가 있으면 참신, 강신 차례로 하고 지방을 붙일 때는 강신, 참신 차례로 합니다.

관은 자기 자리에 가서 함께 재배합니다.

13) 사신辭神 : 축문과 지방을 불에 사르고 철상(撤床. 제사상을 치움)을
    합니다.

14) 납주納主 : 신주가 있는 집은 철상 후 신주를 사당으로 원래 자리에
    다시 모십니다.

이것으로 기일忌日 제사는 마칩니다.

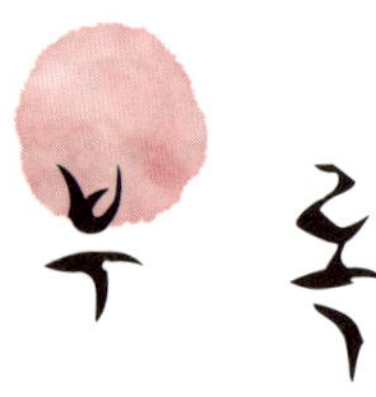

　　다음은 인생의 무상함을 일깨우는 금강반야바라밀경입니다. 모든 집착
에서 자유로울수 있는 법을 말하는 경이니 매일 한 번씩 독경한다면 욕심
에서 벗어나 자유로운 마음의 소유자가 될 수 있을 것입니다.

金剛般若波羅密經

금강반야바라밀경

法會因由分

법회인유분

如是我聞 一時佛 在舍衛國祇樹給孤獨園 與大比丘衆 千二百五十人

여시아문 일시불 재사위국기수급고독원 여대비구중 천이백오십인

俱爾時 世尊食時 着衣持鉢 入舍衛大城 乞食於其城中 次第乞已

구이시 세존식시 착의지발 입사위대성 걸식어기성중 차제걸이

還至本處 飯食訖 收衣鉢 洗足已 敷座而坐

환지본처 반사흘 수의발 세족이 부좌이좌

善現起請分

선현기청분

時長老須菩提 在大衆中 卽從座起 偏袒右肩 右膝着地 合掌恭敬

시장로수보리 제대중중 즉종좌기 편단우견 우슬착지 합장공경

而白佛言 希有世尊如來 善護念諸菩薩 善付囑諸菩薩 世尊善男子

이백불언 희유세존여래 선호념제보살 선부촉제보살 세존선남자

善女人 發阿뇩多羅三먁三菩提心 應云何住 云何降伏其心 佛言

선녀인 발아뇩다라삼먁삼보리심 응운하주 응하항복기심 불언

善哉善哉 須菩提 如汝所說 如來 善護念諸菩薩 善付囑諸菩薩

선재선재 수보리 영영소설 여래 선호념제보살 선부촉제보살

汝今諦請 當爲汝說 善男子 善女人 發阿뇩多羅三먁三菩提心

여금제청 당위여설 선남자 선녀인 발아뇩다라삼먁삼보리심

應如是住 如是降伏其心 唯然世尊 願樂欲聞

응여시주 여시항복기심 유연세존 원요욕문

大乘正宗分

대승정종분

佛告須菩提 諸菩薩摩訶薩 應如是降伏其心 所有一切衆生之類

불고수보리 제보살마하살 응여시항복기심 소유일체중생지류

若卵生 若胎生 若濕生 若化生 若有色 若無色 若有想 若無想

약란생 약태생 약습생 약화생 약유색 약무색 약유상 약무상

若非有想 非無想 我皆令入無餘涅槃 而滅度之 如是滅度

약비유상 비무상 아개영입무여열반 이멸도지 여시멸도

無量無數無邊衆生 實無衆生 得滅度者 何以故 須菩提 若菩薩

무량무수무변중생 실무중생 득멸도자 하이고 수보리 약보살

有我相人相衆生相壽者相 則非菩薩

유아상인상중생상수자상 즉비보살

妙行無住分

묘행무주분

復次須菩提 菩薩 於法 應無所住 行於布施 所謂不住色布施

부차수보리 보살 어법 응무소주 행어보시 소위부주색보시

不主聲香味觸法布施 須菩提 菩薩 應如是布施 不住於相 何以故

부주성향미촉법보시 수보리 보살 응여시보시 부주어상 하이고

若菩薩 不住相布施 其福德 不可思量 須菩提 於意云何 東方虛空

약보살 부주상보시 기복덕 불가사량 수보리 어의운하 동방허공

可思量不 不也 世尊 須菩提 南西北方 四維上下虛空 可思量不

가사량부 불야 세존 수보리 남서북방 사유상하허공 가사량부

不也 世尊 須菩提 菩薩 無住相布施福德 亦復如是 不可思量

불야 세존 수보리 보살 무주상보시복덕 역부여시 불가사량

須菩提 菩薩 但應如所敎住

수보리 보살 단응여소교주

如理實見分

여리실견분

須菩提 於意云何 可以身相 見如來不 不也 世尊 不可以身相

수보리 어의운하 가이신상 견여래부 불야 세존 불가이신상

得見如來 何以故 如來所說身相 卽非身相 佛告須菩提 凡所有相

득견여래 하이고 여래소설신상 즉비신상 불고수보리 범소유상

皆是虛妄 若見諸相 非相 則見如來

개시허망 약견제상 비상 즉견여래

正信希有分

須菩提 白佛言 世尊 頗有衆生 得聞如是言說章句 生實信不

수보리 백불언 세존 파유중생 득문여시언설장구 생실신부

佛告須菩提 莫作是說 如來滅後 後五百歲 有持戒修福者

불고수보리 막작시설 여래멸후 후오백세 유지계수복자

於此章句 能生信心 以此爲實 當知是人 不於一佛二佛三四五佛

어차장구 능생신심 이차위실 당지시인 불어일불이불삼사오불

而種善根 已於無量千萬佛所 種諸善根 聞是章句 乃至一念

이종선근 이어무량천만불소 종제선근 문시장구 내지일념

生淨信者 須菩提 如來 悉知悉見 是諸衆生 得如是無量福德

생정신자 수보리 여래 실지실견 시제중생 득여시무량복덕

何以故 是諸衆生 無復我相人相衆生相壽者相 無法相 亦無非法相

하이고 시제중생 무부아상인상중생상수자상 무법상 역무비법상

何以故 是諸衆生 若心取相 卽爲着我人衆生壽者 若取法相

하이고 시제중생 약심취상 즉위착아인중생수자 약취법상

卽着我人衆生壽者 何以故 若取非法相 卽着我人衆生壽者 是故

즉착아인중생수자 하이고 약취비법상 즉착아인중생수자 시고

不應取法 不應取非法 以是義故 如來常說 汝等比丘 知我說法

불응취법 불응취비법 이시의고 여래상설 여등비구 지아설법

如筏喻者 法尙應捨 何況非法

여벌유자 법상응사 하황비법

無得無說分

무득부설분

須菩提 於意云何 如來得阿뇩多羅三먁三菩提耶 如來有所說法耶

수보리 어의운하 여래득야뇩다라삼먁삼보리야 여래유소설법야

須菩提言 如我解佛所說義 無有定法名阿뇩多羅三먁三菩提 亦無有定法

수보리언 여아해불소설의 무유정법명아뇩다라삼먁삼보리 역무유정법

如來可說 何以故 如來所說法 皆不可取 不可說 非法 非非法 所以者

여래가설 하이고 여래소설법 개불가취 불가설 비법 비비법 소이자

一切賢聖 皆以無爲法 而有差別

일체현성 개이무위법 이유차별

依法出生分

의법출생분

須菩提 於意云何 若人 滿三千大千世界七寶 以用布施 是人

수보리 어의운하 약인 만삼천대천세계칠보 이용보시 시인

所得福德 寧爲多不 須菩提言 甚多 世尊 何以故 是福德 卽非福德性
소득복덕 영위다부 수보리언 심다 세존 하이고 시복덕 즉비복덕성

是故 如來說福多 若復有人 於此經中 受持乃至四句偈等 爲他人說
시고 여래설복다 약부유인 어차경중 수지내지사구게등 위타인설

其福勝彼 何以故 須菩提 一切諸佛 及諸佛阿뇩多羅三먁三菩提法
기복승피 하이고 수보리 일체제불 급제불아뇩다라삼먁삼보리법

皆從此經出 須菩提 所謂佛法者 卽非佛法
개종차경출 수보리 소위불법자 즉비불법

一相無相分
일상무상분

須菩提 於意云何 須陀洹 能作是念 我得須陀洹果不 須菩提言 不也
수보리 어의운하 수다원 능작시념 아득수다원과부 수보리언 불야

世尊 何以故 須陀洹 名爲入流 而無所入 不入色聲香味觸法 是名須陀洹
세존 하이고 수다원 명위입류 이무소입 불입색성향미촉법 시명수다원

須菩提 於意云何 斯陀含 能作是念 我得斯陀含果不 須菩提言 不也
수보리 어의운하 사다함 능작시념 아득사다함과부 수보리언 불야

世尊 何以故 斯陀含 名一往來 而實無往來 是名斯陀含 須菩提

세존 하이고 사다함 명일왕래 이실무왕래 시명사다함 수보리

於意云何 阿那含 能作是念 我得阿那含果不 須菩提言 不也 世尊

어의운하 아나함 능작시념 아득아나함과부 수보리언 불야 세존

何以故 阿那含 名爲不來 而實無不來 是故 名阿那含 須菩提 於意云何

하이고 아나함 명위불래 이실무불래 시고 명아나함 수보리 어의운하

阿羅漢 能作是念 我得阿羅漢道不 須菩提言 不也 世尊 何以故

아라한 능작시념 아득아라한도부 수보리언 불야 세존 하이고

實無有法 名阿羅漢 世尊 若阿羅漢 作是念 我得阿羅漢道

실무유법 명아라한 세존 약아라한 작시념 아득아라한도

即爲着我人衆生壽者 世尊 佛說我得無諍三昧人中 最爲第一

즉위착아인중생수자 세존 불설아득무쟁삼매인중 최위제일

是第一離欲阿羅漢 世尊 我不作是念 我是離欲阿羅漢 世尊 我若作是念

시제일이욕아라한 세존 아부작시념 아시이욕아라한 세존 아약작시념

我得阿羅漢道 世尊 即不說須菩提 是樂阿蘭那行者 以須菩提 實無所行

아득아라한도 세존 즉불설수보리 시요아란나행자 이수보리 실무소행

而名須菩提 是樂阿蘭那行

이 명수보리 시요아란나행

莊嚴淨土分

장엄정토분

佛告須菩提 於意云何 如來 昔在燃燈佛所 於法 有所得不 不也

불고수보리 어의운하 여래 석재연등불소 어법 유소득부 불야

世尊 如來在燃燈佛所 於法 實無所得 須菩提 於意云何 菩薩

세존 여래재연등불소 어법 실무소득 수보리 어의운하 보살

莊嚴佛土不 不也 世尊 何以故 莊嚴佛土者 卽非莊嚴 是名莊嚴

장엄불토부 불야 세존 하이고 장엄불토자 즉비장엄 시명장엄

是故 須菩提 諸菩薩摩訶薩 應如是生淸淨心 不應住色生心

시고 수보리 세보살마하살 응여시생청정심 불응주색생심

不應住聲香味觸法生心 應無所住 而生其心 須菩提 譬如有人

불응주성향미촉법생심 응무소주 이생기심 수보리 비여유인

身如須彌山王 於意云何 是身 爲大不 須菩提言 甚大 世尊 何以故

신여수미산왕 어의운하 시신 위대부 수보리언 심대 세존 하이고

佛說非身 是名大身

불설비신 시명대신

無爲福勝分

무위복승분

須菩提 如恒河中 所有沙數 如是沙等恒河 於意云何 是諸恒河沙

수보리 여항하중 소유사수 여시사등항하 어의운하 시제항하사

寧爲多不 須菩提言 甚多 世尊 但諸恒河 尙多無數 何況其沙 須菩提

영위다부 수보리언 심다 세존 단제항하 상다무수 하황기사 수보리

我今 實言告汝 若有善男子善女人 以七寶 滿爾所恒河沙數三千大千世界

아금 실언고여 약유선남자선여인 이칠보 만이소항하사수삼천대천세계

以用布施 得福多不 須菩提言 甚多 世尊 佛告須菩提 若善男子善女人

이용보시 득복다부 수보리언 심다 세존 불고수보리 약선남자선여인

於此經中 乃至受持四句偈等 爲他人說 而此福德 勝前福德

어차경중 내지수지사구게등 위타인설 이차복덕 승전복덕

尊重正敎分

존중정교분

復次 須菩提 隨說是經 乃至四句偈等 當知此處 一切世間天人阿修羅

부차 수보리 수설시경 내지사구게등 당지차처 일체세간천인아수라

皆應供養 如佛塔廟 何況有人 盡能受持讀誦 須菩提 當知是人

개응공양 여불탑묘 하황유인 진능수지독송 수보리 당지시인

成就最上第一希有之法 若是經典 所在之處 則爲有佛 若尊重弟子

성취최상제일희유지법 약시경전 소재지처 즉위유불 약존중제자

如法受持分

여법수지분

爾時 須菩提 白佛言 世尊 當何名此經 我等 云何奉持 佛告須菩提

이시 수보리 백불언 세존 당하명차경 아등 운하봉지 불고수보리

是經 名爲金剛般若波羅蜜 以是名字 汝當奉持 所以者何 須菩提

시경 명위금강반야바라밀 이시명자 여당봉지 소이자하 수보리

佛說般若波羅蜜 卽非般若波羅蜜 是名般若波羅蜜 須菩提 於意云何

불설반야바라밀 즉비반야바라밀 시명반야바라밀 수보리 어의운하

如來 有所說法不 須菩提 白佛言 世尊 如來無所說 須菩提 於意云何

여래 유소설법부 수보리 백불언 세존 여래무소설 수보리 어의운하

三千大千世界 所有微塵 是爲多不 須菩提言 甚多 世尊 須菩提 諸微塵

삼천대천세계 소유미진 시위다부 수보리언 심다 세존 수보리 제미진

如來說非微塵 是名微塵 如來說世界 非世界 是名世界 須菩提 於意云何

여래설비미진 시명미진 여래설세계 비세계 시명세계 수보리 어의운하

可以三十二相 見如來不 不也 世尊 不可以三十二相 得見如來 何以故
가이삼십이상 견여래부 불야 세존 불가이삼십이상 득견여래 하이고

如來說三十二相 卽是非相 是名三十二相 須菩提 若有善男子善女人
여래설삼십이상 즉시비상 시명삼십이상 수보리 약유선남자선여인

以恒河沙等身命 布施 若復有人 於此經中 乃至受持四句偈等
이항하사등신명 보시 약부유인 어차경중 내지수지사구게등

爲他人說 其福 甚多
위타인설 기복 심다

離相寂滅分
이상적멸분

爾時 須菩提 聞說是經 深解義趣 涕淚悲泣 而白佛言 希有世尊
이시 수보리 문설시경 심해의취 체루비읍 이백불언 희유세존

佛說如是甚深經典 我從昔來 所得慧眼 未曾得聞如是之經 世尊
불설여시심심경전 이종석래 소득혜안 미증득문여시지경 세존

若復有人 得聞是經 信心淸淨 則生實相 當知是人 成就第一希有功德
약부유인 득문시경 신심청정 즉생실상 당지시인 성취제일희유공덕

世尊 是實相者 卽是非相 是故 如來說名實相 世尊 我今 得聞如是經典

세존 시실상자 즉시비상 시고 여래설명실상 세존 아금 득문여시경전

信解受持 不足爲難 若當來世後五百歲 其有衆生 得聞是經 信解受持

신해수지 부족위난 약당내세후오백세 기유중생 득문시경 신해수지

是人 卽爲第一希有 何以故 此人 無我相 無人相 無衆生相 無壽者相

시인 즉위제일희유 하이고 차인 무아상 무인상 무중생상 무수자상

無所以者何 我相 卽是非相 人相衆生相 壽者相 卽是非相 何以故

무소이자하 아상 즉시비상 인상중생상 수자상 즉시비상 하이고

離一切諸相

이일체제상

卽名諸佛 佛告須菩提 如是如是 若復有人 得聞是經 不驚不怖不畏

즉명제불 불고수보리 여시여시 약부유인 득문시경 불경불포불외

當知是人 甚爲希有 何以故 須菩提 如來說第一波羅蜜 卽非第一波羅蜜

당자시인 심위희유 하이고 수보리 여래설제일바라밀 즉비제일바라밀

是名第一波羅蜜 須菩提 忍辱波羅蜜 如來說非忍辱波羅蜜

시명제일바라밀 수보리 인욕바라밀 여래설비인욕바라밀

是名忍辱波羅蜜 何以故 須菩提 如我昔爲歌利王 割截身體 我於爾時

시명인욕바라밀 하이고 수보리 여아석위가리왕 할절신체 아어이시

無我相 無人相 無衆生相 無壽者相 何以故 我於往昔節節支解時

무아상 무인상 무중생상 무수자상 하이고 아어왕석절절지해시

若有我相人相衆生相壽者相 應生嗔恨 須菩提 又念過去於五百世

약유아상인상중생상수자상 응생진한 수보리 유념과거어오백세

作忍辱仙人 於爾所世 無我相 無人相 無衆生相 無壽者相 是故 須菩提

작인욕선인 어이소세 무아상 무인상 무중생상 무수자상 시고 수보리

菩薩 應離一切相 發阿耨多羅三藐三菩提心 不應住色 生心

보살 응리일체상 발아뇩다라삼먁삼보리심 불응주색 생심

不應住聲香味觸法 生心 應生無所住心 若心有住 卽爲非住 是故

불응주성향미촉법 생심 응생무소주심 약심유주 즉위비주 시고

佛說菩薩心 不應住色布施 須菩提 菩薩 爲利益一切衆生 應如是布施

불설보살심 불응주색보시 수보리 보살 위이익일체중생 응여시보시

如來說一切諸相 卽是非相 又說一切衆生 卽非衆生 須菩提 如來

여래설일체제상 즉시비상 우설일체중생 즉비중생 수보리 여래

是眞語者 實語者 如語者 不狂語者 不異語者 須菩提 如來所得法

시진어자 실어자 여어자 불광어자 불이어자 수보리 여래소득법

此法 無實無虛 須菩提 若菩薩 心住於法 而行布施 如人入闇 卽無所見

차법 무실무허 수보리 약보살 심주어법 이행보시 여인입암 즉무소견

若菩薩 心不住法 而行布施 如人有目 日光明照 見種種色 須菩提
약보살 심부주법 이행보시 여인유목 일광명조 견종종색 수보리

當來之世 若有善男子善女人 能於此經 受持讀誦 即爲如來以佛智慧
당래지세 약유선남자선녀인 능어차경 수지독송 즉위여래이불지혜

悉知是人 悉見是人 皆得成就 無量無邊功德
실지시인 실견시인 개득성취 무량무변공덕

持經功德分
지경공덕분

須菩提 若有善男子善女人初日分 以恒河沙等身 布施 中日分
수보리 약유선남자선녀인초일분 이항하사등신 보시 중일분

復以恒河沙等身布施後日分
부이항하사등신보시후일분

亦以恒河沙等身 布施 如是無量百千萬億劫 以身布施 若復有人
역이항하사등신 보시 여시무량백천만억겁 이신보시 약부유인

聞此經典 信心不逆 其福勝彼 何況書寫受持讀誦 爲人解說 須菩提
문차경전 신심불역 기복승피 하황서사수지독송 위인해설 수보리

以要言之 是經 有不可思議 不可稱量無邊功德 如來爲發大乘者說

이요언지 시경 유불가사의 불가칭량무변공덕 여래위발대승자설

爲發最上乘者說 若有人 能受持讀誦 廣爲人說 如來 悉知是人

위발최상승자설 약유인 능수지독송 광위인설 여래 실지시인

悉見是人 皆得成就不可量 不可稱無有邊 不可思議功德 如是人等

실견시인 개득성취불가량 불가칭무유변 불가사의공덕 여시인등

卽爲荷擔如來阿耨多羅三藐三菩提 何以故 須菩提 若樂小法者

즉위하담여래아뇩다라삼먁삼보리 하이고 수보리 약요소법자

着我見人見衆生見壽者見 卽於此經 不能聽受持讀誦 爲人解說 須菩提

착아견인견중생견수자견 즉어차경 불능청수지독송 위인해설 수보리

在在處處 若有此經 一切世間天人阿修羅 所應供養 當知此處

재재처처 약유차경 일체세간천인아수라 소응공양 당지차처

卽爲是塔 皆應恭敬 作禮圍繞 以諸華香 而散其處

즉위시탑 개응공경 작례위요 이제화향 이산기처

能淨業障分

능정업장분

復次 須菩提 善男子善女人 受持讀誦此經 若爲人輕賤 是人 先世罪業

부차 수보리 선남자선녀인 수지독송차경 약위인경천 시인 선세죄업

應墮惡道 以今世人 輕賤故 先世罪業 卽爲消滅 當得阿뇩多羅三먁三菩提

응타악도 이금세인 경천고 선세죄업 즉위소멸 당득아뇩다라삼먁
삼보리

須菩提 我念過去無量阿僧祇劫 於燃燈佛前 得値八百四千萬億那由他諸佛

수보리 아념과거무량아승지겁 어연등불전 득치팔백사천만억나유
타제불

悉皆供養承事 無空過者 若復有人 於後末世 能受持讀誦此經 所得功德

실개공양승사 무공과자 약부유인 어후말세 능수지독송차경 소득공덕

於我所供養諸佛功德 百分不及一 千萬億分 乃至算數譬喻 所不能及

어아소공양제불공덕 백분불급일 천만억분 내지산수비유 소불능급

須菩提 若善男子善女人 於後末世 有受持讀誦此經 所得功德 我若具說者

수보리 약선남자선녀인 어후말세 유수지독송차경 소득공덕 아약
구설자

或有人聞 心卽狂亂 狐疑不信 須菩提 當知 是經義 不可思議 果報

혹유인문 심즉광란 호의불신 수보리 당지 시경의 불가사의 과보

亦不可思議

역불가사의

구경무아분

爾時 須菩提 白佛言 世尊 善男子善女人 發阿뇩多羅三먁三菩提心

이시 수보리 백불언 세존 선남자선녀인 발아뇩다라삼먁삼보리심

云何應住 云何降伏其心 佛告須菩提 若善男子善女人

운하응주 운하항복기심 불고수보리 약선남자선녀인

發阿뇩多羅三먁三菩提心者 當生如是心 我應滅度一切衆生

발아뇩다라삼먁삼보리심자 당생여시심 아응멸도일체중생

滅度一切衆生已 而無有一衆生 實滅度者 何以故 須菩提 若菩薩

멸도일체중생이 이무유일중생 실멸도자 하이고 수보리 약보살

有我相人相衆生相壽者相 卽非菩薩 所以者何 須菩提 實無有法

유아상인상중생상수자상 즉비보살 소이자하 수보리 실무유법

發阿뇩多羅三먁三菩提心者 須菩提 於意云何 如來於燃燈佛所

발아뇩다라삼먁삼보리심자 수보리 어의운하 여래어연등불소

有法 得阿뇩多羅三먁三菩提不 不也 世尊 如我解佛所說義

유법 득아뇩다라삼먁삼보리부 불야 세존 여아해불소설의

佛於燃燈佛所 無有法得阿뇩多羅三먁三菩提 佛言 如是如是 須菩提

불어연등불소 무유법득아뇩다라삼먁삼보리 불언 여시여시 수보리

實無有法 如來得阿뇩多羅三먁三菩提 須菩提 若有法
실무유법 여래득아뇩다라삼먁삼보리 수보리 약유법

如來得阿뇩多羅三먁三菩提者 燃燈佛 卽不與我授記 汝於來世
여래득아뇩다라삼먁삼보리자 연등불 즉불여아수기 여어내세

當得作佛 號釋迦牟尼 以實無有法 得阿뇩多羅三먁三菩提 是故
당득작불 호석가모니 이실무유법 득아뇩다라삼먁삼보리 시고

燃燈佛 與我授記 作是言 汝於來世 當得作佛 號釋迦牟尼 何以故
연등불 여아수기 작시언 여어내세 당득작불 호석가모니 하이고

如來者 卽諸法如義 若有人言 如來得阿뇩多羅三먁三菩提 須菩提
여래자 즉제법여의 약유인언 여래득아뇩다라삼먁삼보리 수보리

實無有法 佛得阿뇩多羅三먁三菩提 須菩提 如來所得阿뇩多羅三먁三菩提
실무유법 불득아뇩다라삼먁삼보리 수보리 여래소득아뇩다라삼먁
삼보리

於是中 無實無虛 是故 如來說一切法 皆是佛法 須菩提 所言一切法者
어시중 무실무허 시고 여래설일체법 개시불법 수보리 소언일체법자

卽非一切法 是故 名一切法 須菩提 譬如人身長大 須菩提言 世尊

즉비일체법 시고 명일체법 수보리 비여인신장대 수보리언 세존

如來說 人身長大 卽爲非大身 是名大身 須菩提 菩薩 亦如是 若作是言

여래설 인신장대 즉위비대신 시명대신 수보리 보살 역여시 약작시언

我當滅度無量衆生 卽不名菩薩 何以故 須菩提 實無有法 名爲菩薩

아당멸도무량중생 즉불명보살 하이고 수보리 실무유법 명위보살

是故 佛說一切法 無我無人無衆生 無壽者 須菩提 若菩薩 作是言

시고 불설일체법 무아무인무중생 무수자 수보리 약보살 작시언

我當莊嚴佛土 是不名菩薩 何以故 如來說莊嚴佛土者 卽非莊嚴

아당장엄불토 시불명보살 하이고 여래설장엄불토자 즉비장엄

是名莊嚴 須菩提 若菩薩 通達無我法者 如來說名眞是菩薩

시명장엄 수보리 약보살 통달무아법자 여래설명진시보살

一切同觀分
일체동관분

須菩提 於意云何 如來有肉眼不 如是 世尊 如來有肉眼 須菩提

수보리 어의운하 여래유육안부 여시 세존 여래유육안 수보리

於意云何 如來有天眼不 如是 世尊 如來有天眼 須菩提 於意云何

어의운하 여래유천안부 여시 세존 여래유천안 수보리 어의운하

如來有慧眼不 如是 世尊 如來有慧眼 須菩提 於意云何 如來有佛眼不

여래유혜안부 여시 세존 여래유혜안 수보리 어의운하 여래유법안부

如是 世尊 如來有佛眼 須菩提 於意云何 如來有佛眼不 如是 世尊

여시 세존 여래유법안 수보리 어의운하 여래유불안부 여시 세존

如來有佛眼 須菩提 於意云何 如恒河中所有沙 佛說是沙不

여래유불안 수보리 어의운하 여항하중소유사 불설시사부

如是 世尊 如來說是沙 須菩提 於意云何 如一恒河中所有沙

여시 세존 여래설시사 수보리 어의운하 여일항하중소유사

有如是沙等恒河 是諸恒河 所有沙數 佛世界 如是 寧爲多不 甚多

유여시사등항하 시제항하 소유사수 불세계 여시 영위다부 심다

世尊 佛告須菩提 爾所國土中 所有衆生 若干種心 如來悉知 何以故

세존 불고수보리 이소국토중 소유중생 약간종심 여래실지 하이고

如來說諸心 皆爲非心 是名爲心 所以者何 須菩提 過去心 不可得

여래설제심 개위비심 시명위심 소이자하 수보리 과거심 불가득

現在心 不可得 未來心 不可得

현재심 불가득 미래심 불가득

法界通化分

법계통화분

須菩提 於意云何 若有人 滿三千大千世界七寶 以用布施 是人 以是因緣

수보리 어의운하 약유인 만삼천대천세계칠보 이용보시 시인 이시인연

得福多不 如是 世尊 此人 以是因緣 得福甚多 須菩提 若福德 有實

득복다부 여시 세존 차인 이시인연 득복심다 수보리 약복덕 유실

如來不說得福德多 以福德 無故 如來說得福德多

여래불설득복덕다 이복덕 무고 여래설득복덕다

離色離相分

이색이상분

須菩提 於意云何 佛 可以具足色身 見不 不也 世尊 如來

수보리 어의운하 불 가이구족색신 견부 불야 세존 여래

不應以具足色身 見 何以故 如來說具足色身 卽非具足色身

불응이구족색신 견 하이고 여래설구족색신 즉비구족색신

是名具足色身 須菩提 於意云何 如來 可以具足諸相 見不 不也

시명구족색신 수보리 어의운하 여래 가이구족제상 견부 불야

世尊 如來 不應以具足諸相 見 何以故 如來說諸相具足 卽非具足

세존 여래 불응이구족제상 견 하이고 여래설제상구족 즉비구족

是名諸相具足

시명제상구족

非說所說分

비설소설분

須菩提 汝勿謂如來作是念 我當有所說法 莫作是念 何以故 若人言

수보리 여물위여래작시념 아당유소설법 막작시념 하이고 약인언

如來有所說法 則爲謗佛 不能解我所說故 須菩提 說法者 無法可說

여래유소설법 즉위방불 불능해아소설고 수보리 설법자 무법가설

是名說法 爾時 慧命須菩提 白佛言 世尊 頗有衆生 於未來世 聞說是法

시명설법 이시 혜명수보리 백불언 세존 파유중생 어미래세 문설시법

生信心不 佛言 須菩提 彼非衆生 非不衆生 何以故 須菩提 衆生衆生者

생신심부 불언 수보리 피비중생 비불중생 하이고 수보리 중생중생자

如來說非衆生 是名衆生

여래설비중생 시명중생

無法可得分

무법가득분

須菩提 白佛言 世尊 佛得阿耨多羅三먁三菩提 爲無所得耶 佛言

수보리 백불언 세존 불득아뇩다라삼먁삼보리 위무소득야 불언

如是如是 須菩提 我於阿뇩多羅三먁三菩提 乃至無有少法可得

여시여시 수보리 아어아뇩다라삼먁삼보리 내지무유소법가득

是名阿뇩多羅三먁三菩提

시명아뇩다라삼먁삼보리

淨心行善分

정심행선분

復次 須菩提 是法平等 無有高下 是名阿뇩多羅三먁三菩提

부차 수보리 시법평등 무유고하 시명아뇩다가삼먁삼보리

以無我無人無衆生無壽者 修一切善法 即得阿뇩多羅三먁三菩提 須菩提

이무아무인무중생무수자 수일체선법 즉득아뇩다라삼먁삼보리 수보리

所言善法者 如來說即非善法 是名善法

소언선법자 여래설즉비선법 시명선법

福智無比分

복지무비분

須菩提 若三千大千世界中 所有諸須彌山王 如是等七寶聚 有人

수보리 약삼천대천세계중 소유제수미산왕 여시등칠보취 유인

持用布施 若人 以此般若波羅蜜經 乃至四句偈等 受持讀誦 爲他人說

지용보시 약인 이차반야바라밀경 내지사구게등 수지독송 위타인설

於前福德 百分 不及一 百千萬億分 乃至算數譬喻 所不能及

어전복덕 백분 불급일 백천만억분 내지산수비유 소불능급

化無所化分

화무소화분

須菩提 於意云何 汝等 勿謂如來作是念 我當度衆生 須菩提 莫作是念

수보리 어의운하 여등 물위여래작시념 아당도중생 수보리 막작시념

何以故 實無有衆生 如來度者 若有衆生 如來度者 如來卽有我人衆生壽者

하이고 실무유중생 여래도자 약유중생 여래도자 여래즉유아인중생
수자

須菩提 如來說 有我者 卽非有我 而凡夫之人 以爲有我 須菩提 凡夫者

수보리 여래설 유아자 즉비유아 이범부지인 이위유아 수보리 범부자

如來說卽非凡夫 是名凡夫

여래설즉비범부 시명범부

法身非相分

법신비상분

須菩提 於意云何 可以三十二相 觀如來不 須菩提言 如是如是

수보리 어의운하 가이삼십이상 관여래부 수보리언 여시여시

以三十二相 觀如來 佛言 須菩提 若以三十二相 觀如來者 轉輪聖王

이삼십이상 관여래 불언 수보리 약이삼십이상 관여래자 전륜성왕

卽是如來 須菩提 白佛言 世尊 如我解佛所說義 不應以三十二相

즉시여래 수보리 백불언 세존 여아해불소설의 불응이삼십이상

觀如來 爾時 世尊 而設偈言 若以色見我 以音聲求我 是人行邪道

관여래 이시 세존 이설게언 약이색견아 이음성구아 시인행사도

不能見如來

불능견여래

無斷無滅分

무단무멸분

須菩提 汝若作是念 如來 不以具足相故 得阿耨多羅三藐三菩提 須菩提

수보리 여약작시념 여래 불이구족상고 득아뇩다라삼먁삼보리 수보리

莫作是念 如來 不以具足相故 得阿耨多羅三藐三菩提 須菩提 汝若作是念

막작시념 여래 불이구족상고 득아뇩다라삼먁삼보리 수보리 여약

작시념

發阿耨多羅三藐三菩提心者 說諸法斷滅 莫作是念 何以故

발아뇩다라삼먁삼보리심자 설제법단멸 막작시념 하이고

發阿耨多羅三藐三菩提心者 於法 不說斷滅相

발아뇩다라삼먁삼보리심자 어법 불설단멸상

不受不貪分

불수불탐분

須菩提 若菩薩 以滿恒河沙等世界七寶 持用布施 若復有人 知一切法無我

수보리 약보살 이만항하사등세계칠보 지용보시 약부유인 지일체 법무아

得成於忍 此菩薩 勝前菩薩 所得功德 何以故 須菩提 以諸菩薩

득성어인 차보살 승전보살 소득공덕 하이고 수보리 이제보살

不受福德故 須菩提 白佛言 世尊 云何菩薩 不受福德 須菩提 菩薩

불수복덕고 수보리 백불언 세존 운하보살 불수복덕 수보리 보살

所作福德 不應貪着 是故 說不受福德

소작복덕 불응탐착 시고 설불수복덕

威儀寂靜分

위의적정분

須菩提 若有人言 如來若來若去若坐若臥 是人 不解我所說義

수보리 약유인언 여래약래약거약좌약와 시인 불해아소설의

何以故 如來者 無所從來 亦無所去 故名如來

하이고 여래자 무소종래 역무소거 고명여래

一合理相分

일합이상분

須菩提 若善男子善女人 以三千大千世界 碎爲微塵 於意云何 是微塵衆

수보리 약선남자선녀인 이삼천대천세계 쇄위미진 어의운하 시미진중

寧爲多不 須菩提言 甚多 世尊 何以故 若是微塵衆 實有者 佛卽不說

영위다부 수보리언 심다 세존 하이고 약시미진중 실유자 불 즉불설

是微塵衆 所以者何 佛說微塵衆 卽非微塵衆 是名微塵衆 世尊 如來所說

시미진중 소이자하 불설미진중 즉비미진중 시명미진중 세존 여래소설

三千大千世界 卽非世界 是名世界 何以故 若世界 實有者 卽是一合相

삼천대천세계 즉비세계 시명세계 하이고 약세계 실유자 즉시일합상

如來說 一合相 卽非一合相 是名一合相 須菩提 一合相者 卽是不可說

여래설 일합상 즉비일합상 시명일합상 수보리 일합상자 즉시불가설

但凡夫之人 貪着其事

단범부지인 탐착기사

知見不生分

지견불생분

須菩提 若人言 佛說我見人見衆生見壽者見 須菩提 於意云何 是人

수보리 약인언 불설아견인견중생견수자견 수보리 어의운하 시인

解我所說義不 不也 世尊 是人 不解如來所說義 何以故 世尊

해아소설의부 불야 세존 시인 불해여래소설의 하이고 세존

說我見人見衆生見壽者見 卽非我見人見衆生見壽者見

설아견인견중생견수자견 즉비아견인견중생견수자견

是名我見人見衆生見壽者見 須菩提 發阿耨多羅三藐三菩提心者

시명아견인견중생견수자견 수보리 발아녹다라삼먁삼보리심자

於一切法 應如是知 如是見 如是信解 不生法相 須菩提 所言法相者

어일체법 응여시지 여시견 여시신해 불생법상 수보리 소언법상자

如來說卽非法相 是名法相

여래설즉비법상 시명법상

應化非眞分

응화비진분

須菩提 若有人 以滿無量阿僧祇世界七寶 持用布施 若有善男子善女人

수보리 약유인 이만무량아승지세계칠보 지용보시 약유선남자선녀인

發菩薩心者 持於此經 乃至四句偈等 受持讀誦 爲人演說 其福勝彼
발보살심자 지어차경 내지사구게등 수지독송 위인연설 기복승피

云何爲人演說 不取於相 如如不動 何以故 一切有爲法 如夢幻泡影
운하위인연설 불취어상 여여부동 하이고 일체유위법 여몽환포영

如露亦如電 應作如是觀 佛說是經已 長老須菩提 及諸比丘比丘尼
여로역여전 응작여시관 불설시경이 장로수보리 급제비구비구니

優婆塞優婆尼 一切世間天人阿修羅 聞佛所說 皆大歡喜 信受奉行
우바새우바이 일체세간천인아수라 문불소설 개대환희 신수봉행

신묘장구대다라니의 원력願力

    신묘장구대다라니를 21번 쓰고, 21번 독송하고, 21일을 목욕제계하고 매일 일정한 시간에 기도를 하면 반드시 한가지의 소원성취를 이루워준다고 합니다.

충북 제천사 김 정미보살 제공

神妙章句大陀羅尼

신묘장구대다라니

나모라 다나다라 야야 나막알약 바로기제 새바라야 모지사다바야 마하

사다바야 마하가로 니가야 옴 살바 바예수 다라나 가라야 다사명 나막
까리다바 이맘알야 바로기제 새바라 다바 니라간타 나막하리나야 마발
다 이사미 살발타 사다남 수반아예염 살바보다남 바바말야 미수다감
다냐타 옴 아로계 아로가 마지로가 지가란제 혜혜하례 마하모지 사다
바 사마라 사마라 하리나야 구로구로 갈마 사다야 사다야 도로도로 미
연제 마하미연제다라다라 다린나례 새바라 자라자라 마라미마라 아마
라 몰제예혜혜 로계새바라라아 미사미 나사야 나베사미사미 나사야 모
하자라 미사미 나사야 호로호로 마라호로 하례바나마 나바사라사라 시
리시리 소로소로 못쟈못쟈 모다야 모다야 매다라야 니라간타 가마사
날사남 바라 하라나야 마낙사바하 싯다야 사바하 마하싯다야 사바하
싯다유예 새바라야 사바하 니라간타야 사바하 바라하 목카싱하 목카야
사바하 바나마 하따야 사바하 자가라욕다야 사바하 상카섭나네 모다나
야 사바하 마하라 구타다라야 사바하 바마사간타 이사시체다 가릿나이
나야 사바하 먀가라 잘마이바 사나야 사바하
나모라 다나다라 야야나막알야 바로기제 새바라야 사바하
나모라 다나다라 야야나막알야 바로기제 새바라야 사바하
나모라 다나다라 야야나막알야 바로기제 새바라야 사바하

※조상님 위패 글씨를 도담의 원력을 담아 무료로 써 드립니다.
　(택배비 본인 부담)
　사주상담 (010-3422-4442)

참고문헌

『四禮便覽』·黃泌秀·書業堂藏版 (1900)

『四禮便覽冠婚喪祭禮大典』·金赫濟, 韓重洙·明文堂 (1981)

『韓國의 孝와 孝行』·韓泰源·南島 (1990)

『易巫白書』·河萬壽·민산출판 (1993)

『傳統文化의 脈』·慶尙北道教育委員會 (1987)

『운명을 지배하는 조상공양』·무송거사·참빛 (1995)

『佛教辭典』·龍夏·東國譯經院 (1995)

『明倫教鑑』

『禮節』·鄭夢花·螢雪出版社 (1994)

『韓國人의 意識構造』·李圭泰·文理社 (1977)

『心靈과 輪廻의 世界』·吳亨根·佛教思想社 (1979)

『티벳死者의 書』·파드마삼바바. 류시화번역·정신세계사 (2000)

『四書三經』·柳正基책임감수·금성문화사 (1992)

『千秋名鑑』· 具淳書 · 常綠出版社 (1975)

『人間의 마음』· 카알맨닝거 · 白潮出版社 (단기4294)

『생활 속의 금강경』· 우룡 큰스님 · 효림 (2004)

『한글대장경 본연부』· 동국역경원 (1971)

『한글대장경 아함부』· 동국역경원 (1973)

『바른한글 반야심경』· 明峰한글번역, 雲藏풀이 · 正明社 (1982)

『왕초보, 불교박사되다』· 석지현, 윤창화, 일지 · 민족사 (2002)

『治禪病秘要經』· 至晤 · 大覺出版部 (1982)

『法句經』· 金達鎭 · 玄岩社 (1962)

『심령치료』· 安東民 · 瑞音出版社 (1994)

『심령진단』· 安東民 · 瑞音出版社 (1994)

『孝經』· 成東鎬 · 弘新文化社 (1982)

『道德經』· 盧台俊 · 弘新文化社 (1987)

『地藏經』· 權相老 · 보련각 (1985)